Langenscheidt

Verb-Tabellen
Latein

Konzeption von
Dr. Leo Stock

neu bearbeitet von
Linda Strehl

L

Langenscheidt

Berlin · München · Wien · Zürich · New York

Herausgegeben von der Langenscheidt-Redaktion
Konzeption von Dr. Leo Stock
neu bearbeitet von Linda Strehl
Projektleitung und Redaktion: Christian Frieser

4. 5. 6. 7. * 07 06 05 04

© 2000 Langenscheidt KG, Berlin und München
Druck: Druckhaus Langenscheidt, Berlin-Schöneberg
Printed in Germany · ISBN 3-468-34201-2

Inhaltsverzeichnis

Abkürzungen

Abl.	Ablativ
a.c.i.	accusativus cum infinitivo
	Akkusativ mit Infinitiv
Akk.	Akkusativ
Dat.	Dativ
f	Femininum
Fut.	Futur
Gen.	Genitiv
Imper.	Imperativ
Impf.	Imperfekt
Ind.	Indikativ
Inf.	Infinitiv
Konj.	Konjunktiv
m	Maskulinum
n	Neutrum
Nom.	Nominativ
P.	Person
Part.	Partizip
Perf.	Perfekt
Pl.	Plural
Plusqpf.	Plusquamperfekt
Präs.	Präsens
s.	siehe
Sg., Sing.	Singular
u.	und
<	entstanden aus
>	geworden zu

1. Grammatische Begriffe

Die Flexion (Beugung) eines Verbs heißt **Konjugation**.

Bei der Konjugation eines Verbs unterscheidet man

Verbformen, die durch eine Person bestimmt sind = **verbum finitum** oder Personalformen des Verbs,

Verbformen, die durch keine Person bestimmt sind = **verbum infinitum** oder Nominalformen des Verbs.

Die **finiten** oder **Personalformen** bezeichnen
1. die **Person**: 1., 2., 3. Person
2. den **Numerus** (Zahl): Singular oder Plural
3. den **Modus** (Aussageweise): Indikativ (Wirklichkeitsform), Konjunktiv (Begehrs- oder Möglichkeitsform), Imperativ (Befehlsform)
4. das **Tempus** (Zeit): Präsens (Gegenwart),
   Imperfekt, Perfekt, Plusquamperfekt (Vergangenheit),
   Futur I, Futur II (Zukunft)
5. das **Genus verbi** (Handlungsart): Aktiv (Tatform), Passiv (Leideform).

Zu den **Personalformen** gehören also die **Formen des Indikativs, Konjunktivs und Imperativs** aller Tempora im Aktiv und Passiv.

Anmerkung:
Verben, deren Objekt (Ergänzung) im Akkusativ steht (**laudō tē** ich lobe dich), heißen **transitive Verben**. Sie bilden ein persönliches Passiv (**laudor** ich werde gelobt usw.).
Verben, deren Objekt im Dativ oder Genitiv steht (**tibī pāreō** ich gehorche dir), heißen **intransitive Verben**. Sie bilden ein unpersönliches Passiv, d. h. nur die 3. Person Singular Neutrum (**mihī pārētur** mir wird gehorcht).

Zu den **infiniten oder Nominalformen** gehören

Verbalsubstantive: **Infinitive, Gerundium, Supinum**

Verbaladjektive: **Partizipien, Gerundivum**.

Alle Verbformen eines lateinischen Verbs lassen sich von **drei Stämmen** ableiten, deren gemeinsame Grundlage der Verbalstamm ist:

1. Präsensstamm: Von ihm werden alle Formen des Präsens, Imperfekt und Futur I Aktiv und Passiv gebildet, einschließlich des Partizip Präsens, des Gerundiums und Gerundivums.

2. Perfektaktivstamm: Von ihm werden die aktiven Formen des Perfekts, Plusquamperfekts und Futur II gebildet sowie der Infinitiv Perfekt Aktiv.

3. Perfektpassiv- oder Supinstamm: Von ihm werden die passiven Formen des Perfekts, Plusquamperfekts und Futur II gebildet: das Partizip Perfekt Passiv und Futur Aktiv, der Infinitiv Perfekt Passiv, Futur Aktiv und Passiv und das Supinum.

Deshalb lernt man von jedem lateinischen Verb die sogenannten **Stammformen**: Infinitiv, 1. P. Sing. Indikativ Präsens Aktiv, 1. P. Sing. Indikativ Perfekt Aktiv, Partizip Perfekt Passiv (PPP) oder Supinum.

Beispiel: **laudāre, laudō, laudāvī, laudātus** oder **laudātum**.

---

2. Einteilung der Konjugationen

Nach dem Auslaut des Präsensstammes unterscheidet man **5 Konjugationen**:

ā-Konjugation:	**laudāre** loben	Präsensstamm: **laudā-**
ē-Konjugation:	**monēre** ermahnen	Präsensstamm: **monē-**
konsonantische Konjugation:	**regere** lenken	Präsensstamm: **reg-**
langvokalische ī-Konjugation:	**audīre** hören	Präsensstamm: **audī-**
kurzvokalische i-Konjugation:	**capere** nehmen	Präsensstamm: **capĭ-**

Anmerkung: Verben, deren Stamm auf kurzvokalisches u auslautet (**attribuere** zuteilen), bilden ihre Formen nach der konsonantischen Konjugation und werden deshalb zu dieser gerechnet.

---

3. Bildung der einzelnen Stämme

Der **Präsensstamm** ist meistens gleich dem Verbalstamm (laudā-, dēlē-, reg-, audī-). Er wird oft erweitert durch Anfügen des Kennvokals der betreffenden Konjugation (secāre, Präsensstamm secā-, Verbalstamm sec-; vincīre, Präsensstamm vincī-, Verbalstamm vinc-; rapere, Präsensstamm rapĭ-, Verbalstamm rap-). Er kann aber auch verändert werden durch eingefügte oder angefügte Konsonanten (vi-n-cō, vic-tum; flec-t-ō, flex-um < flec-tum) oder durch Reduplikation[1] (gi-gn-ō, genĭ-tum).

Der **Perfektaktivstamm** wird gebildet
1. durch v- oder u-Erweiterung (**v- oder u-Perfekt**): laudā-re, laudā-v-ī; monē-re, mon-u-ī.
2. durch s-Erweiterung (**s-Perfekt**): scrīb-ere, scrīp-s-ī; dīc-ere, dī-x-ī < dīc-s-ī.
3. durch Dehnung des Stammvokals, teilweise mit qualitativem Ablaut[2] (**Dehnungsperfekt**): vidē-re, vĭd-ī; ag-e-re, ēg-ī.
4. durch Reduplikation (**Reduplikationsperfekt**): curr-ere, cu-curr-ī; parc-ere, pe-perc-ī.
5. ohne Veränderung des Präsensstammes (**Stammperfekt**): dēfend-ere, dēfend-ī; minu-ere, minu-ī.

---

1 Anlautender Konsonant tritt mit e oder dem Stammvokal vor den Verbalstamm.

2 Der Stammvokal ändert sich.

Der **Perfektpassiv- oder Supinstamm** wird gebildet durch **Anhängen von t** an den Verbalstamm: laudā-**t**-us, dēlē-**t**-us, vic-**t**-us. Oft treten Lautveränderungen auf: monē-re, moni-t-us; reg-ere, rēc-t-us.

Bei den Dentalstämmen (s. S. 50) **wird das t zu s.** Der dentale Stammauslaut d oder t wird zu s assimiliert: sedēre, ses-**s**-um; cēdere, ces-**s**-um; mittere, mis-**s**-um. Bei vorhergehendem langen Vokal oder Diphthong wird Doppel-s vereinfacht: lūdere, lū-**s**-um; claudere, clau-**s**-um. Diese Lautveränderung ist auch auf andere Verben übergegangen (Analogiebildung): currere, cur-s-um; flectere, flex-um.

4. Bildung der Tempora und Modi

Die **Verbalformen** setzen sich zusammen aus **Stamm, Tempus- oder Moduszeichen, Bildevokal** und **Personalendung.**

4.1. Personalendungen und Ausgänge

Personen	Personalendungen		Ausgänge		
	Indikativ und Konjunktiv		Indikativ	Imperativ	
	Aktiv	Passiv	Perf. Aktiv	I	II
1. ich	-ō oder -m	-or oder -r	-ī		
2. du	-s	-ris (-re)	-istī	-, -e	-tō
3. er, sie, es	-t	-tur	-it		-tō
1. wir	-mus	-mur	-imus		
2. ihr	-tis	-minī	-istis	-te	-tōte
3. sie	-nt	ntur	-ērunt (-ēre)		-ntō

Merke folgende **Nebenformen**:
-ēre statt -ērunt in der 3. P. Pl. Indikativ Perfekt Aktiv: laudāvēre statt laudāvērunt.
-re statt -ris in der 2. P. Sing. Indikativ und Konjunktiv Imperfekt Passiv und in der 2. P. Sing. Futur I Passiv: laudābāre statt laudābāris, laudārēre statt laudārēris, laudābĕre statt laudābĕris.

4.2. Bildung der Tempora und Modi des Präsensstammes

Merke: Die Formen des Präsensstammes unterscheiden sich im Aktiv und Passiv nur durch die Personalendungen.

Indikativ Präsens Aktiv und Passiv: Präsensstamm und **Personalendung.** Bei der **konsonantischen Konjugation** tritt zwischen Stamm und Personalendung der **Bildevokal -i-,** in der 3. P. Pl. **-u-.** Den Bildevokal -u- in der 3. P. Pl. haben auch die Verben der langvokalischen und kurzvokalischen i-Konjugation.
lauda-t, monē-tur, audi-t, capi-t; reg-i-t, reg-u-nt, audi-u-nt, capi-u-nt.
Beachte: Kurzes i in unbetonten Mittelsilben wird vor r zu e abgeschwächt: reg-ĭ-ris > reg-ĕ-ris; capĭ-ris > capĕ-ris.

Indikativ Imperfekt Aktiv und Passiv: Präsensstamm, **Tempuszeichen -bā-** und Personalendung. Die konsonantische Konjugation und die i-Konjugationen haben vor dem Tempuszeichen den Bildevokal -ē-.
laudā-ba-t, monē-bā-tur, reg-ē-ba-t, audi-ē-ba-t, capi-ē-ba-t.

Futur I Aktiv und Passiv:
ā- und ē-Konjugation: Präsensstamm, **Tempuszeichen -b-** mit **Bildevokal -i-** bzw. **-u- in der 3. P. Pl.** und Personalendung.
laudā-b-i-t, monē-b-u-nt, laudā-b-or, laudā-b-ĕ-ris, laudā-b-i-tur.
Beachte: laudā-bĭ-ris > laudā-bĕ-ris; monē-bĭ-ris > monē-bĕ-ris.
Konsonantische und i-Konjugationen: Präsensstamm, **Tempuszeichen -ē-,** in der **1. P. Sing. -a-** und Personalendung.
reg-a-m, reg-ē-s, reg-e-t; audi-a-m, audi-ē-s, audi-e-t; capi-a-r, capi-ē-ris, capi-ē-tur.

Konjunktiv Präsens Aktiv und Passiv:
ā-Konjugation: Wortstock, Moduszeichen -ē- und Personalendung.
laud-e-m, laud-ē-s, laud-e-t; laud-ē-tur.
Alle anderen Konjugationen: Präsensstamm, **Moduszeichen -a-** und Personalendung.
mone-a-m, mone-ā-s, mone-a-t; reg-a-t, audi-ā-tur, capi-a-t.

Konjunktiv Imperfekt Aktiv und Passiv: Präsensstamm, **Moduszeichen -rē-** und Personalendung.
Bei der konsonantischen Konjugation tritt vor das Moduszeichen der Bildevokal -e-, bei der kurzvokalischen i-Konjugation wird das kurze i vor r zu e abgeschwächt (siehe Regel unter Indikativ Präsens).
laudā-re-t, monē-rē-tur, audĭ-re-t, reg-e-re-t, cape-re-t.
Faustregel: Infinitiv Präsens Aktiv und Personalendung: laudāre-m, laudāre-r.

4.3. Bildung der Tempora und Modi des Perfektaktiv- und Perfektpassivstammes

Merke: Die Formen der einzelnen Konjugationen unterscheiden sich nur im Präsensstamm. Die Formen des Perfektaktiv- und Perfektpassivstammes werden bei allen Konjugationen gleich gebildet. Für ihre Bildung werden mit Ausnahme des Indikativ Perfekt Aktiv die Formen des Präsens, Imperfekt und Futur I von esse verwandt.

Indikativ Perfekt Aktiv: Perfektaktivstamm und Ausgänge.
laudāv-ī, monu-ī, rēx-ī, audīv-ī, cēp-ī.

Indikativ Plusquamperfekt Aktiv: Perfektaktivstamm und Indikativ Imperfekt von esse.
laudāv-eram, monu-eram, rēx-eram, audīv-eram, cēp-eram.

Futur II Aktiv: Perfektaktivstamm und Futur I von esse, in der 3. P. Pl. jedoch -erint statt -erunt.
laudāv-erō, monu-erō, rēx-erō, audīv-erō, cēp-erint.

Konjunktiv Perfekt Aktiv: Perfektaktivstamm, Bildevokal -e- und **Konjunktiv Präsens von esse,** dessen Stamm-s jedoch zu r wird[1].
laudāv-e-rim < laudāv-e-sim; monu-e-rim, rēx-e-rim, audīv-e-rim, cēp-e-rim.
Beachte: Konjunktiv Perfekt Aktiv und Futur II unterscheiden sich nur in der 1. P. Sing.: laudāverim – laudāverō.

Konjunktiv Plusquamperfekt Aktiv: Perfektaktivstamm und Konjunktiv Imperfekt von esse, dessen Stammvokal -e- zu -i- abgeschwächt wird.
laudāv-issem, monu-issem, rēx-issem, audīv-issem, cēp-issem.
Faustregel: Infinitiv Perfekt Aktiv und Personalendung: laudāvisse-m.

Perfekt, Plusquamperfekt, Futur II Passiv, Indikativ und Konjunktiv: Partizip Perfekt Passiv und Formen des Präsensstammes von esse.
laudātus, monitus, rēctus, audītus, captus sum, eram, erō, sim, essem.

---

1 Rhotazismus (nach dem griechischen Buchstaben für r = Rho): s zwischen zwei Vokalen wird zu r: esam > eram; laudāse > laudāre.

5. Konjugationen

5.1. Die Personalformen (verbum finitum) des Präsensstammes

	ā-Konjugation	ē-Konjugation
	laudāre loben	**monēre** ermahnen
Präsensstamm	laudā-	monē-
Indikativ Präsens Aktiv	ich lobe	ich ermahne
	1. laud-**ō**	mone-**ō**
	2. laudā-**s**	monē-**s**
	3. lauda-**t**	mone-**t**
	1. laudā-**mus**	monē-**mus**
	2. laudā-**tis**	monē-**tis**
	3. lauda-**nt**	mone-**nt**
Indikativ Imperfekt Aktiv	ich lobte	ich ermahnte
	1. laudā-**ba**-m	monē-**ba**-m
	2. laudā-**bā**-s	monē-**bā**-s
	3. laudā-**ba**-t	monē-**ba**-t
	1. laudā-**bā**-mus	monē-**bā**-mus
	2. laudā-**bā**-tis	monē-**bā**-tis
	3. laudā-**ba**-nt	monē-**ba**-nt
Futur I Aktiv	ich werde loben	ich werde ermahnen
	1. laudā-**b**-ō	monē-**b**-ō
	2. laudā-**bi**-s	monē-**bi**-s
	3. laudā-**bi**-t	monē-**bi**-t
	1. laudā-**bi**-mus	monē-**bi**-mus
	2. laudā-**bi**-tis	monē-**bi**-tis
	3. laudā-**bu**-nt	monē-**bu**-nt
Imperativ I	lobe!	ermahne!
	2. laudā	monē
	2. laudā-**te**	monē-**te**
Imperativ II	du sollst loben!	du sollst ermahnen!
	2. laudā-**tō**	monē-**tō**
	3. laudā-**tō**	monē-**tō**
	2. laudā-**tōte**	monē-**tōte**
	3. lauda-**ntō**	mone-**ntō**

	konsonantische Konjugation	langvokalische i-Konjugation	kurzvokalische i-Konjugation
	regere lenken	**audīre** hören	**capere** nehmen
Präsens-stamm	reg-	audī-	capĭ-
Indikativ Präsens Aktiv	ich lenke	ich höre	ich nehme
	1. reg-**ō**	audi-**ō**	capi-**ō**
	2. reg-**i**-**s**	audī-**s**	capi-**s**
	3. reg-**i**-**t**	audi-**t**	capi-**t**
	1. reg-**i**-**mus**	audī-**mus**	capi-**mus**
	2. reg-**i**-**tis**	audī-**tis**	capi-**tis**
	3. reg-**u**-**nt**	audi-**u**-**nt**	capi-**u**-**nt**
Indikativ Imperfekt Aktiv	ich lenkte	ich hörte	ich nahm
	1. reg-**ē**-**ba**-m	audi-**ē**-**ba**-m	capi-**ē**-**ba**-m
	2. reg-**ē**-**bā**-s	audi-**ē**-**bā**-s	capi-**ē**-**bā**-s
	3. reg-**ē**-**ba**-t	audi-**ē**-**ba**-t	capi-**ē**-**ba**-t
	1. reg-**ē**-**bā**-mus	audi-**ē**-**bā**-mus	capi-**ē**-**bā**-mus
	2. reg-**ē**-**bā**-tis	audi-**ē**-**bā**-tis	capi-**ē**-**bā**-tis
	3. reg-**ē**-**ba**-nt	audi-**ē**-**ba**-nt	capi-**ē**-**ba**-nt
Futur I Aktiv	ich werde lenken	ich werde hören	ich werde nehmen
	1. reg-**a**-m	audi-**a**-m	capi-**a**-m
	2. reg-**ē**-s	audi-**ē**-s	capi-**ē**-s
	3. reg-**e**-t	audi-**e**-t	capi-**e**-t
	1. reg-**ē**-mus	audi-**ē**-mus	capi-**ē**-mus
	2. reg-**ē**-tis	audi-**ē**-tis	capi-**ē**-tis
	3. reg-**e**-nt	audi-**e**-nt	capi-**e**-nt
Imperativ I	lenke!	höre!	nimm!
	2. reg-**e**[1]	audī	cap**e**
	2. rég-**i**-**te**	audī-**te**	cápi-**te**
Imperativ II	du sollst lenken!	du sollst hören!	du sollst nehmen!
	2. rég-**i**-**tō**	audī-**tō**	cápi-**tō**
	3. reg-**i**-**tō**	audī-**tō**	capi-**tō**
	2. reg-**i**-**tōte**	audī-**tōte**	capi-**tōte**
	3. reg-**ú**-**ntō**	audi-**u**-**ntō**	capi-**u**-**ntō**

1 Merke als Ausnahmen: **dīc** sage!, **dūc** führe!, **fac** mache!, **fer** trage!

Konjugationsmuster

	ā–Konjugation	**ē–Konjugation**
Indikativ Präsens Passiv	ich werde gelobt	ich werde ermahnt
	1. laud-**or**	mone-**or**
	2. laudā-**ris**	monē-**ris**
	3. laudā-**tur**	monē-**tur**
	1. laudā-**mur**	monē-**mur**
	2. laudā-**minī**	monē-**minī**
	3. lauda-**ntur**	mone-**ntur**
Indikativ Imperfekt Passiv	ich wurde gelobt	ich wurde ermahnt
	1. laudā-**ba**-r	monē-**ba**-r
	2. laudā-**bā**-ris (-re)	monē-**bā**-ris (-re)
	3. laudā-**bā**-tur	monē-**bā**-tur
	1. laudā-**bā**-mur	monē-**bā**-mur
	2. laudā-**bā**-minī	monē-**bā**-minī
	3. laudā-**ba**-ntur	monē-**ba**-ntur
Futur I Passiv	ich werde gelobt werden	ich werde ermahnt werden
	1. laudā-**b**-or	monē-**b**-or
	2. laudā-**bě**-ris (-re)	monē-**bě**-ris (-re)
	3. laudā-**bi**-tur	monē-**bi**-tur
	1. laudā-**bi**-mur	monē-**bi**-mur
	2. laudā-**bi**-minī	monē-**bi**-minī
	3. laudā-**bu**-ntur	monē-**bu**-ntur

Konjugationsmuster

	konsonantische Konjugation	langvokalische i-Konjugation	kurzvokalische i-Konjugation
Indikativ Präsens Passiv	ich werde gelenkt	ich werde gehört	ich werde genommen
	1. reg-**or**	audi-**or**	capi-**or**
	2. reg-**ĕ-ris**	audī-**ris**	capĕ-**ris**
	3. reg-**i-tur**	audī-**tur**	capi-**tur**
	1. reg-**i-mur**	audī-**mur**	capi-**mur**
	2. reg-**i-minī**	audī-**minī**	capi-**minī**
	3. reg-**u-ntur**	audi-**u-ntur**	capi-**u-ntur**
Indikativ Imperfekt Passiv	ich wurde gelenkt	ich wurde gehört	ich wurde genommen
	1. reg-**ē-ba**-r	audi-**ē-ba**-r	capi-**ē-ba**-r
	2. reg-**ē-bā**-ris (-re)	audi-**ē-bā**-ris (-re)	capi-**ē-bā**-ris (-re)
	3. reg-**ē-bā**-tur	audi-**ē-bā**-tur	capi-**ē-bā**-tur
	1. reg-**ē-bā**-mur	audi-**ē-bā**-mur	capi-**ē-bā**-mur
	2. reg-**ē-bā**-minī	audi-**ē-bā**-minī	capi-**ē-bā**-minī
	3. reg-**ē-ba**-ntur	audi-**ē-ba**-ntur	capi-**ē-ba**-ntur
Futur I Passiv	ich werde gelenkt werden	ich werde gehört werden	ich werde genommen werden
	1. reg-**a**-r	audi-**a**-r	capi-**a**-r
	2. reg-**ē**-ris (-re)	audi-**ē**-ris (-re)	capi-**ē**-ris (-re)
	3. reg-**ē**-tur	audi-**ē**-tur	capi-**ē**-tur
	1. reg-**ē**-mur	audi-**ē**-mur	capi-**ē**-mur
	2. reg-**ē**-minī	audi-**ē**-minī	capi-**ē**-minī
	3. reg-**e**-ntur	audi-**e**-ntur	capi-**e**-ntur

Konjugationsmuster

	ā-Konjugation	ē-Konjugation
Konjunktiv Präsens Aktiv	ich möge loben	ich möge ermahnen
	1. laud-**e**-m	mone-**a**-m
	2. laud-**ē**-s	mone-**ā**-s
	3. laud-**e**-t	mone-**a**-t
	1. laud-**ē**-mus	mone-**ā**-mus
	2. laud-**ē**-tis	mone-**ā**-tis
	3. laud-**e**-nt	mone-**a**-nt
Konjunktiv Präsens Passiv	ich möge gelobt werden	ich möge ermahnt werden
	1. laud-**e**-r	mone-**a**-r
	2. laud-**ē**-ris (-re)	mone-**ā**-ris (-re)
	3. laud-**ē**-tur	mone-**ā**-tur
	1. laud-**ē**-mur	mone-**ā**-mur
	2. laud-**ē**-minī	mone-**ā**-minī
	3. laud-**e**-ntur	mone-**a**-ntur
Konjunktiv Imperfekt Aktiv	ich würde loben	ich würde ermahnen
	1. laudā-**re**-m	monē-**re**-m
	2. laudā-**rē**-s	monē-**rē**-s
	3. laudā-**re**-t	monē-**re**-t
	1. laudā-**rē**-mus	monē-**rē**-mus
	2. laudā-**rē**-tis	monē-**rē**-tis
	3. laudā-**re**-nt	monē-**re**-nt
Konjunktiv Imperfekt Passiv	ich würde gelobt werden	ich würde ermahnt werden
	1. laudā-**re**-r	monē-**re**-r
	2. laudā-**rē**-ris (-re)	monē-**rē**-ris (-re)
	3. laudā-**rē**-tur	monē-**rē**-tur
	1. laudā-**rē**-mur	monē-**rē**-mur
	2. laudā-**rē**-minī	monē-**rē**-minī
	3. laudā-**re**-ntur	monē-**re**-ntur

	konsonantische Konjugation	langvokalische i-Konjugation	kurzvokalische i-Konjugation
Konjunktiv Präsens Aktiv	ich möge lenken	ich möge hören	ich möge nehmen
	1. reg-**a**-m	audi-**a**-m	capi-**a**-m
	2. reg-**ā**-s	audi-**ā**-s	capi-**ā**-s
	3. reg-**a**-t	audi-**a**-t	capi-**a**-t
	1. reg-**ā**-mus	audi-**ā**-mus	capi-**ā**-mus
	2. reg-**ā**-tis	audi-**ā**-tis	capi-**ā**-tis
	3. reg-**a**-nt	audi-**a**-nt	capi-**a**-nt
Konjunktiv Präsens Passiv	ich möge gelenkt werden	ich möge gehört werden	ich möge genommen werden
	1. reg-**a**-r	audi-**a**-r	capi-**a**-r
	2. reg-**ā**-ris (-re)	audi-**ā**-ris (-re)	capi-**ā**-ris (-re)
	3. reg-**ā**-tur	audi-**ā**-tur	capi-**ā**-tur
	1. reg-**ā**-mur	audi-**ā**-mur	capi-**ā**-mur
	2. reg-**ā**-minī	audi-**ā**-minī	capi-**ā**-minī
	3. reg-**a**-ntur	audi-**a**-ntur	capi-**a**-ntur
Konjunktiv Imperfekt Aktiv	ich würde lenken	ich würde hören	ich würde nehmen
	1. reg-**e-re**-m	audī-**re**-m	cape-**re**-m
	2. reg-**e-rē**-s	audī-**rē**-s	cape-**rē**-s
	3. reg-**e-re**-t	audī-**re**-t	cape-**re**-t
	1. reg-**e-rē**-mus	audī-**rē**-mus	cape-**rē**-mus
	2. reg-**e-rē**-tis	audī-**rē**-tis	cape-**rē**-tis
	3. reg-**e-re**-nt	audī-**re**-nt	cape-**re**-nt
Konjunktiv Imperfekt Passiv	ich würde gelenkt werden	ich würde gehört werden	ich würde genommen werden
	1. reg-**e-re**-r	audī-**re**-r	cape-**re**-r
	2. reg-**e-rē**-ris (-re)	audī-**rē**-ris (-re)	cape-**rē**-ris (-re)
	3. reg-**e-rē**-tur	audī-**rē**-tur	cape-**rē**-tur
	1. reg-**e-rē**-mur	audī-**rē**-mur	cape-**rē**-mur
	2. reg-**e-rē**-minī	audī-**rē**-minī	cape-**rē**-minī
	3. reg-**e-re**-ntur	audī-**re**-ntur	cape-**re**-ntur

5.2. Die Personalformen (verbum finitum) des Perfektaktivstammes

Perfektaktivstämme: laudāv-, monu-, rēx-, audīv-, cēp-.

Indikativ Perfekt Aktiv	ich habe gelobt		ich habe ermahnt, gelenkt, gehört, genommen
	1. laudāv-ī		-ī
	2. laudāv-istī	monu	-istī
	3. laudāv-it	rēx	-it
	1. laudāv-imus	audīv	-imus
	2. laudāv-istis	cēp	-istis
	3. laudāv-ērunt (ēre)		-ērunt (ēre)

Indikativ Plusquam-perfekt Aktiv	ich hatte gelobt		ich hatte ermahnt, gelenkt, gehört, genommen
	1. laudāv-eram		-eram
	2. laudāv-erās	monu	-erās
	3. laudāv-erat	rēx	-erat
	1. laudāv-erāmus	audīv	-erāmus
	2. laudāv-erātis	cēp	-erātis
	3. laudáv-erant		-erant

Futur II Aktiv	ich werde gelobt haben		ich werde ermahnt, gelenkt, gehört, genommen haben
	1. laudāv-erō		-erō
	2. laudāv-eris	monu	-eris
	3. laudāv-erit	rēx	-erit
	1. laudāv-erimus	audīv	-erimus
	2. laudāv-eritis	cēp	-eritis
	3. laudáv-erint		-erint

Konjunktiv Perfekt Aktiv	ich möge gelobt haben		ich möge ermahnt, gelenkt, gehört, genommen haben
	1. laudāv-erim		-erim
	2. laudāv-eris	monu	-eris
	3. laudāv-erit	rēx	-erit
	1. laudāv-erimus	audīv	-erimus
	2. laudāv-eritis	cēp	-eritis
	3. laudāv-erint		-erint

Konjugationsmuster

Konjunktiv Plusquam- perfekt Aktiv	ich hätte gelobt		ich hätte ermahnt, gelenkt, gehört, genommen	
	1. laudāv-**issem**			-**issem**
	2. laudāv-**issēs**	monu		-**issēs**
	3. laudāv-**isset**	rēx		-**isset**
	1. laudāv-**issēmus**	audīv		-**issēmus**
	2. laudāv-**issētis**	cēp		-**issētis**
	3. laudāv-**issent**			-**issent**

5.3. Die Personalformen (verbum finitum) des Perfektpassiv– oder Supinstammes

Perfektpassiv– oder Supinstämme: laudāt-, monit-, rēct-, audīt-, capt-.

Indikativ Perfekt Passiv	ich bin gelobt worden		ich bin ermahnt, gelenkt, gehört, genommen worden	
	1. laudāt**us,** **sum**		**us,** **sum**	
	2. **a, um** **es**		**a, um** **es**	
	3. **est**	monit- rēct- audīt- capt-	**est**	
	1. laudāt**ī,** **sumus**		**ī,** **sumus**	
	2. **ae, a** **estis**		**ae, a** **estis**	
	3. **sunt**		**sunt**	

Indikativ Plusquam- perfekt Passiv	ich war gelobt worden		ich war ermahnt, gelenkt, gehört, genommen worden	
	1. laudāt**us,** **eram**		**us,** **eram**	
	2. **a, um** **erās**		**a, um** **erās**	
	3. **erat**	monit- rēct- audīt- capt-	**erat**	
	1. laudāt**ī,** **erāmus**		**ī,** **erāmus**	
	2. **ae, a** **erātis**		**ae, a** **erātis**	
	3. **erant**		**erant**	

Futur II Passiv	ich werde gelobt worden sein		ich werde ermahnt, gelenkt, gehört, genommen worden sein	
	1. laudāt**us,** **erō**		**us,** **erō**	
	2. **a, um** **eris**		**a, um** **eris**	
	3. **erit**	monit- rēct- audīt- capt-	**erit**	
	1. laudāt**ī,** **erimus**		**ī,** **erimus**	
	2. **ae, a** **eritis**		**ae, a** **eritis**	
	3. **erunt**		**erunt**	

17

Konjunktiv Perfekt Passiv	ich sei gelobt worden			ich sei ermahnt, gelenkt, gehört, genommen worden		

<table>
<tr>
<td></td>
<td>1.
2.
3.</td>
<td>laudātus,
a, um</td>
<td>sim
sīs
sit</td>
<td>monit-
rēct-
audīt-
capt-</td>
<td>us,
a, um</td>
<td>sim
sīs
sit</td>
</tr>
<tr>
<td></td>
<td>1.
2.
3.</td>
<td>laudātī,
ae, a</td>
<td>sīmus
sītis
sint</td>
<td></td>
<td>ī,
ae, a</td>
<td>sīmus
sītis
sint</td>
</tr>
</table>

Konjunktiv Plusquam-perfekt Passiv	ich wäre gelobt worden			ich wäre ermahnt, gelenkt, gehört, genommen worden		

<table>
<tr>
<td></td>
<td>1.
2.
3.</td>
<td>laudātus,
a, um</td>
<td>essem
essēs
esset</td>
<td>monit-
rēct-
audīt-
capt-</td>
<td>us,
a, um</td>
<td>essem
essēs
esset</td>
</tr>
<tr>
<td></td>
<td>1.
2.
3.</td>
<td>laudātī,
ae, a</td>
<td>essēmus
essētis
essent</td>
<td></td>
<td>ī,
ae, a</td>
<td>essēmus
essētis
essent</td>
</tr>
</table>

5.4. Die Nominalformen (verbum infinitum)

a) Infinitive

Präsens Aktiv

laudā**re**	(zu) loben
monē**re**	(zu) ermahnen
reg**ere**	(zu) lenken
audī**re**	(zu) hören
cap**ere**	(zu) nehmen

Präsens Passiv

laudā**rī**	gelobt	
monē**rī**	ermahnt	
reg**ī**	gelenkt	(zu) werden
audī**rī**	gehört	
cap**ī**	genommen	

Perfekt Aktiv

laudā**visse**	gelobt	
monu**isse**	ermahnt	
rēx**isse**	gelenkt	(zu) haben
audī**visse**	gehört	
cēp**isse**	genommen	

Perfekt Passiv

laudāt**us, a, um esse**	gelobt	
monit**us, a, um esse**	ermahnt	worden
rēct**us, a, um esse**	gelenkt	(zu)
audīt**us, a, um esse**	gehört	sein
capt**us, a, um esse**	genommen	

Futur Aktiv

laudāt**ūrus, a, um esse**	loben	
monit**ūrus, a, um esse**	ermahnen	
rēct**ūrus, a, um, esse**	lenken	
audīt**ūrus, a, um esse**	hören	
capt**ūrus, a, um esse**	nehmen	

Futur Passiv

wer- den oder wol- len	laudāt**um īrī** monit**um īrī** rēct**um īrī** audīt**um īrī** capt**um īrī**	gelobt ermahnt gelenkt gehört genommen	(zu) werden (in Zu- kunft)

b) Supinum

Supinum I		Supinum II	
laudā**tum**	um zu loben	laudā**tū**	zu loben
moni**tum**	um zu ermahnen	moni**tū**	zu ermahnen
rēc**tum**	um zu lenken	rēc**tū**	zu lenken
audī**tum**	um zu hören	audī**tū**	zu hören
cap**tum**	um zu nehmen	cap**tū**	zu nehmen

Merke:
1. Der **Infinitiv Futur Passiv** ist unveränderlich: īrī mit Supinum I.
2. Die Supina sind erstarrte Verbalsubstantive.
   Das **Supinum I auf -um** bezeichnet als Akkusativ den Zweck bei Verben der Bewegung: **Līberī in hortum currunt lūsum.** Die Kinder eilen in den Garten, um zu spielen.
   Das **Supinum II auf -ū** steht als Dativ des Zwecks bei Adjektiven, z. B. **difficile dictū** (schwer zu sagen), **iūcundum audītū** (angenehm zu hören).

c) Partizipien

Partizip Präsens Aktiv

laudā-**ns**[1], Gen.	lauda-**nt**-is	lobend; einer, der lobt
monē-**ns,**	mone-**nt**-is	ermahnend; einer, der ermahnt
reg-**ē-ns,**	reg-**e-nt**-is	lenkend; einer, der lenkt
audi-**ē-ns,**	audi-**e-nt**-is	hörend; einer, der hört
capi-**ē-ns,**	capi-**e-nt**-is	nehmend; einer, der nimmt

Deklination des Partizips Präsens Aktiv

	Singular		**Plural**	
	m und f	**n**	**m und f**	**n**
Nom.	laudā**ns**	laudā**ns**	laudant**ēs**	**-ia**
Gen.	laudant**is**	laudant**is**	laudant**ium**	**-ium**
Dat.	laudant**ī**	laudant**ī**	laudant**ibus**	**-ibus**
Akk.	laudant**em**	laudā**ns**	laudant**ēs**	**-ia**
Abl.	laudant**e**	laudant**e**	laudant**ibus**	**-ibus**

Merke: Das **Partizip Präsens** ist gekennzeichnet durch **Präsensstamm,**
Suffix (Nachsilbe) **-nt-** und die **Ausgänge der gemischten Deklination.**
Der Singular folgt also der konsonantischen Deklination (Ablativausgang -e),
der Plural der i-Deklination (Ausgang Nom. Pl. Neutrum: -ia, Gen. Pl.: -ium).

---

1 laudā-ns < lauda-nt-s; t fällt weg, Vokal vor ns wird gedehnt.

Partizip Perfekt Passiv

laudāt-**us, a, um**	gelobt; einer, der gelobt worden ist
monit-**us, a, um**	ermahnt; einer, der ermahnt worden ist
rēct-**us, a, um**	gelenkt; einer, der gelenkt worden ist
audīt-**us, a, um**	gehört; einer, der gehört worden ist
capt-**us, a, um**	genommen; einer, der genommen worden ist

Merke: Das **Partizip Perfekt Passiv** (PPP) ist gekennzeichnet durch den **Supinstamm** und die **Ausgänge der o/a-Deklination**.

Partizip Futur Aktiv

laudāt-**ūrus, a, um**	einer, der loben wird
monit-**ūrus, a, um**	einer, der ermahnen wird
rēct-**ūrus, a, um**	einer, der lenken wird
audīt-**ūrus, a, um**	einer, der hören wird
capt-**ūrus, a, um**	einer, der nehmen wird

Merke: Das **Partizip Futur Aktiv** ist gekennzeichnet durch den **Supinstamm** und das **Suffix -ūrus, a, um**.
Die Verbindung des **Partizips Futur Aktiv mit dem Hilfsverb esse** bezeichnet man als **coniugatio periphrastica** (umschreibende Konjugation). Sie drückt aus, dass eine Handlung bereits eingeleitet oder beabsichtigt ist, war oder sein wird.

Epistulam scrīptūrus sum.	Ich bin im Begriff, einen Brief zu schreiben. Ich will gerade einen Brief schreiben.
Epistulam scrīptūrus eram.	Ich wollte gerade einen Brief schreiben.

d) Gerundivum

lauda-**nd-us, a, um**	ein zu lobender; einer, der gelobt werden muss oder soll
mone-**nd-us, a, um**	ein zu ermahnender; einer, der ermahnt werden muss oder soll
reg-**e-nd-us, a, um**	ein zu lenkender; einer, der gelenkt werden muss oder soll
audi-**e-nd-us, a, um**	ein zu hörender; einer, der gehört werden muss oder soll
capi-**e-nd-us, a, um**	ein zu nehmender; einer, der genommen werden muss oder soll

Merke: Das **Gerundivum** ist gekennzeichnet durch **Präsensstamm, Suffix -nd-** und die **Ausgänge der o/a-Deklination**. Es hat **passiven** Sinn.

e) Gerundium

Deklination des Infinitivs Präsens Aktiv

	Infinitiv Präsens	Gerundium	
Nom.	laudāre das Loben		
Gen.		lauda-**nd**-ī	des Lobens
Dat.		(lauda-**nd**-ō	dem Loben)
Akk.	laudāre das Loben	ad lauda-**nd**-um	zum Loben
Abl.		lauda-**nd**-ō	durch das Loben

Gerundium der übrigen Konjugationen

monendī	des Ermahnens	monendō, ad monendum, monendō
regendī	des Lenkens	regendō, ad regendum, regendō
audiendī	des Hörens	audiendō, ad audiendum, audiendō
capiendī	des Nehmens	capiendō, ad capiendum, capiendō

Merke: Das **Gerundium** ist gekennzeichnet durch **Präsensstamm, Suffix -nd-** und die **Ausgänge der o-Deklination im Singular**. Es bildet nur Genitiv, Dativ, präpositionalen Akkusativ und Ablativ Singular. Es hat **aktiven** Sinn.

Beachte: **Beim Gerundium** sind **nur die Ausgänge -ī, -ō, -um** als Neutrum Singular möglich.

Konjugationsmuster

6. Deponentien (Verba deponentia) und Semideponentien

6.1. Begriff

Deponentien sind Verben, die passive Formen, aber aktive oder reflexive Bedeutung haben.

Semideponentien (**semi** = halb) haben aktive Formen im Präsensstamm, aber passive im Perfektstamm außer **revertī** zurückkehren, das passive Formen im Präsensstamm und aktive im Perfektstamm hat.

Durch ihre oft reflexive Bedeutung benötigen die Deponentien kein zusätzliches Reflexivpronomen, z. B. **glōriārī** sich rühmen.

6.2. Konjugation der Deponentien

a) **Personalformen**

	ā-Konjugation	**ē-Konjugation**
	cōnārī versuchen	**verērī** fürchten, sich fürchten
Präsens-stamm	cōnā-	verē-
Indikativ Präsens	ich versuche	ich fürchte mich
	1. cōn-**or**	vere-**or**
	2. cōnā-**ris**	verē-**ris**
	3. cōnā-**tur**	verē-**tur**
	1. cōnā-**mur**	verē-**mur**
	2. cōnā-**minī**	verē-**minī**
	3. cōna-**ntur**	vere-**ntur**
Indikativ Imperfekt	ich versuchte	ich fürchtete mich
	1. cōnā-**ba**-r	verē-**ba**-r
	2. cōnā-**bā**-ris	verē-**bā**-ris
	etc.	etc.
Futur I	ich werde versuchen	ich werde mich fürchten
	1. cōnā-**b**-or	verē-**b**-or
	2. cōnā-**bě**-ris	verē-**bě**-ris
	3. cōnā-**bi**-tur	verē-**bi**-tur
	etc.	etc.

	ā-Konjugation	**ē-Konjugation**
	cōnārī versuchen	**verērī** fürchten, sich fürchten
Imperativ	versuche!	fürchte dich!
	2. cōnā-re	verē-re
	2. cōnā-minī	verē-minī
Indikativ Perfekt	ich habe versucht	ich habe mich gefürchtet
	cōnātus, a, um sum etc.	veritus, a, um sum etc.
Indikativ Plusquam-perfekt	ich hatte versucht	ich hatte mich gefürchtet
	cōnātus, a, um eram etc.	veritus, a, um eram etc.
Futur II	ich werde versucht haben	ich werde mich gefürchtet haben
	cōnātus, a, um erō etc.	veritus, a, um erō etc.
Konjunktiv Präsens	ich möge versuchen	ich möge mich fürchten
	1. cōn-e-r	vere-a-r
	2. cōn-ē-ris etc.	vere-ā-ris etc.
Konjunktiv Imperfekt	ich würde versuchen	ich würde mich fürchten
	1. cōnā-re-r	verē-re-r
	2. cōnā-rē-ris etc.	verē-rē-ris etc.
Konjunktiv Perfekt	ich möge versucht haben	ich möge mich gefürchtet haben
	cōnātus sim etc.	veritus sim etc.
Konjunktiv Plusquam-perfekt	ich hätte versucht	ich hätte mich gefürchtet
	cōnātus essem etc.	veritus essem etc.

Konjugationsmuster

	konsonantische Konjugation	langvokalische i-Konjugation	kurzvokalische i-Konjugation
	loquī sprechen	**partīrī** teilen	**patī** leiden, dulden
Präsensstamm	loqu-	partī-	patĭ-
Indikativ Präsens	ich spreche	ich teile	ich leide
	1. loqu-**or**	parti-**or**	pati-**or**
	2. loqu-**ĕ-ris**	parti-**ris**	patĕ-**ris**
	3. loqu-**i-tur**	partī-**tur**	pati-**tur**
	1. loqu-**i-mur**	partī-**mur**	pati-**mur**
	2. loqu-**i-minī**	partī-**minī**	pati-**minī**
	3. loqu-**u-ntur**	parti-**u-ntur**	pati-**u-ntur**
Indikativ Imperfekt	ich sprach	ich teilte	ich litt
	1. loqu-**ē-ba**-r	parti-**ē-ba**-r	pati-**ē-ba**-r
	2. loqu-**ē-bā**-ris	parti-**ē-bā**-ris	pati-**ē-bā**-ris
	etc.	etc.	etc.
Futur I	ich werde sprechen	ich werde teilen	ich werde leiden
	1. loqu-**a**-r	parti-**a**-r	pati-**a**-r
	2. loqu-**ē**-ris	parti-**ē**-ris	pati-**ē**-ris
	3. loqu-**ē**-tur	parti-**ē**-tur	pati-**ē**-tur
	etc.	etc.	etc.
Imperativ	sprich!	teile!	leide!
	2. lóqu-**e-re**	partī-**re**	páte-**re**
	2. loqu-**i-minī**	partī-**minī**	pati-**minī**
Indikativ Perfekt	ich habe gesprochen	ich habe geteilt	ich habe gelitten
	locūt**us, a, um sum**	partīt**us, a, um sum**	pass**us, a, um sum**
	etc.	etc.	etc.
Indikativ Plusquamperfekt	ich hatte gesprochen	ich hatte geteilt	ich hatte gelitten
	locūt**us, a, um eram**	partīt**us, a, um eram**	pass**us, a, um eram**
	etc.	etc.	etc.
Futur II	ich werde gesprochen haben	ich werde geteilt haben	ich werde gelitten haben
	locūt**us, a, um erō**	partīt**us, a, um erō**	pass**us, a, um erō**
	etc.	etc.	etc.

	konsonantische Konjugation	langvokalische i–Konjugation	kurzvokalische i–Konjugation
	loquī sprechen	**partīrī** teilen	**patī** leiden, dulden
Konjunktiv Präsens	ich möge sprechen	ich möge teilen	ich möge leiden
	1. loqu-**a**-r 2. loqu-**ā**-ris etc.	parti-**a**-r parti-**ā**-ris etc.	pati-**a**-r pati-**ā**-ris etc.
Konjunktiv Imperfekt	ich würde sprechen	ich würde teilen	ich würde leiden
	1. loqu-**e-re**-r 2. loqu-**e-rē**-ris etc.	partī-**re**-r partī-**rē**-ris etc.	páte-**re**-r pate-**rē**-ris etc.
Konjunktiv Perfekt	ich möge gesprochen haben	ich möge geteilt haben	ich möge gelitten haben
	locūt**us sim** etc.	partīt**us sim** etc.	pass**us sim** etc.
Konjunktiv Plusquam-perfekt	ich hätte gesprochen	ich hätte geteilt	ich hätte gelitten
	locūt**us essem** etc.	partīt**us essem** etc.	pass**us essem** etc.

b) **Nominalformen**

1. **Infinitive**

Präsens

cōnā**rī**	(zu) versuchen
vērē**rī**	(zu) fürchten
loqu**ī**	(zu) sprechen
partī**rī**	(zu) teilen
pat**ī**	(zu) leiden

Perfekt

cōnāt**us, a, um esse**	versucht	
verit**us, a, um esse**	gefürchtet	(zu)
locūt**us, a, um esse**	gesprochen	haben
partīt**us, a, um esse**	geteilt	
pass**us, a, um esse**	gelitten	

Futur

cōnāt**ūrus, a, um esse**	versuchen	
verit**ūrus, a, um esse**	fürchten	werden
locūt**ūrus, a, um esse**	sprechen	oder
partīt**ūrus, a, um esse**	teilen	wollen
pass**ūrus, a, um esse**	leiden	

2. Supinum I

cōnā**tum**	um zu versuchen
veri**tum**	um zu fürchten
locū**tum**	um zu sprechen
partī**tum**	um zu teilen
pas**sum**	um zu leiden

3. Partizipien

Präsens

cōnā**ns**, cōna**ntis**	versuchend; einer, der versucht
verē**ns**, vere**ntis**	fürchtend; einer, der fürchtet
loquē**ns**, loque**ntis**	sprechend; einer, der spricht
partiē**ns**, partie**ntis**	teilend; einer, der teilt
patiē**ns**, patie**ntis**	leidend; einer, der leidet

Perfekt

cōnā**tus, a, um**	einer, der versucht hat
veri**tus, a, um**	einer, der gefürchtet hat
locū**tus, a, um**	einer, der gesprochen hat
partī**tus, a, um**	einer, der geteilt hat
pas**sus, a, um**	einer, der gelitten hat

Futur

cōnāt**ūrus, a, um**	einer, der versuchen wird
verit**ūrus, a, um**	einer, der fürchten wird
locūt**ūrus, a, um**	einer, der sprechen wird
partīt**ūrus, a, um**	einer, der teilen wird
pass**ūrus, a, um**	einer, der leiden wird

4. Gerundivum

cōna**ndus, a, um**	ein zu versuchender; einer, der versucht werden muss oder soll
vere**ndus, a, um**	ein zu fürchtender; einer, der gefürchtet werden muss oder soll
loque**ndus, a, um**	ein zu sprechender; einer, der gesprochen (besprochen, beredet) werden muss oder soll
partie**ndus, a, um**	ein zu teilender; einer, der geteilt werden muss oder soll
patie**ndus, a, um**	ein zu duldender; einer, der geduldet werden muss oder soll

Merke: **Auch bei Deponentien hat das Gerundivum passive Bedeutung.**

5. Gerundium

cōna**ndī**	des Versuchens	part**iendī**	des Teilens
vere**ndī**	des Fürchtens	pat**iendī**	des Leidens
loqu**endī**	des Sprechens		

Zur Bildung der übrigen Fälle s. S. 21.

7. Unregelmäßige Verben (Verba anomala)

7.1. Das Hilfsverb esse sein

Präsensstamm: es- oder Schwundstufe s-; Perfektstamm: fu-.

Indikativ Präsens	**Indikativ Imperfekt**	**Futur I**
ich bin	ich war	ich werde sein
1. **s-u-m**	**er-a-m**[1]	**er-ō**
2. **es**	**er-ā-s**	**er-i-s**
3. **es-t**	**er-a-t**	**er-i-t**
1. **s-u-mus**	**er-ā-mus**	**er-i-mus**
2. **es-tis**	**er-ā-tis**	**er-i-tis**
3. **s-u-nt**	**er-a-nt**	**er-u-nt**

Konjunktiv Präsens	**Konjunktiv Imperfekt**
ich sei	ich wäre
1. **s-i-m**	**es-se-m**
2. **s-ī-s**	**es-sē-s**
3. **s-i-t**	**es-se-t**
1. **s-ī-mus**	**es-sē-mus**
2. **s-ī-tis**	**es-sē-tis**
3. **s-i-nt**	**es-se-nt**

Imperativ I	**Imperativ II**
sei!	du sollst sein!
2. **es**	**es-tō**
3.	**es-tō**
2. **es-te**	**es-tōte**
3.	**s-u-ntō**

---

1 s zwischen zwei Vokalen wird zu r (Rhotazismus): esam > eram.

Indikativ Perfekt	**Indikativ Plusqpf.**	**Futur II**
ich bin gewesen	ich war gewesen	ich werde gewesen sein
1. fu-ī	fu-eram	fu-erō
2. fu-istī	fu-erās	fu-eris
3. fu-it	fu-erat	fu-erit
1. fu-imus	fu-erāmus	fu-erimus
2. fu-istis	fu-erātis	fu-eritis
3. fu-érunt	fú-erant	fú-erint

Konjunktiv Perfekt	**Konjunktiv Plusqpf.**
ich sei gewesen	ich wäre gewesen
1. fu-erim	fu-issem
2. fu-eris	fu-issēs
3. fu-erit	fu-isset
1. fu-érimus	fu-issēmus
2. fu-éritis	fu-issētis
3. fú-erint	fu-issent

	Präsens	**Perfekt**	**Futur**
Infinitiv	esse sein	fuisse gewesen sein	futūrus, a, um esse (oder **fore**) sein werden
Partizip	absēns, entis abwesend praesēns, entis anwesend, gegenwärtig	—	futūrus, a, um einer, der sein wird; zukünftig

a) **Komposita von esse**

ab-esse, absum, ā́fuī	abwesend sein, entfernt sein
ad-esse, adsum, adfuī	anwesend sein, helfen
dē-esse, dēsum, dēfuī	weg sein, fehlen
inter-esse, intersum, interfuī	dazwischen sein, teilnehmen
prae-esse, praesum, praefuī	an der Spitze stehen, befehligen
ob-esse, obsum, obfuī	schaden
super-esse, supersum, superfuī	übrig sein, im Überfluß vorhanden sein

Merke: Bei den **Komposita von esse** steht der **Dativ** außer **abesse ā** (entfernt sein von).

b) **prōd-ésse, prōsum, prōfuī**   nützen
   posse, possum, potuī   können

Indikativ Präsens

1. **prō**-sum	**pos**-sum	
2. prōd-es	pot-es	
3. prōd-est	pot-est	
1. **pró**-sumus	**pós**-sumus	
2. prōd-éstis	pot-éstis	
3. **prō**-sunt	**pos**-sunt	

Konjunktiv Präsens

prō-sim	**pos**-sim
prō-sīs	**pos**-sīs
prō-sit	**pos**-sit
prō-símus	**pos**-símus
prō-sítis	**pos**-sítis
prō-sint	**pos**-sint

Indikativ Imperfekt

1. prōd-eram	pot-eram
2. prōd-erās	pot-erās
etc.	etc.

Konjunktiv Imperfekt

prōd-essem	**pos-sem**
prōd-essēs	pos-sēs
etc.	etc.

Futur I

1. prōd-erō	pot-erō
2. prōd-eris	pot-eris
etc.	etc.

Imperativ

2. prōd-es	—
2. prōd-este	—

	Indikativ		Konjunktiv	
Perfekt	prō-fuī etc.	potu-ī etc.	prō-fuerim etc.	potu-erim etc.
Plusquam- perfekt	prō-fueram etc.	potu-eram etc.	prō-fuissem etc.	potu-issem etc.
Futur II	prō-fuerō etc.	potu-erō etc.	—	—

	Infinitiv	
Perfekt	prō-fuisse	potu-isse

Merke: Bei **prōdesse** bleibt die Grundform prōd- nur vor Vokal e, vor Konsonanten fällt d weg.
Bei **posse**, entstanden aus pot-se, wird das t vor folgendem s zu s assimiliert[1].

---

1 Von Assimilation spricht man, wenn ein Konsonant dem folgenden Konsonanten angeglichen oder gleich wird: rēg-tus > rēc-tus; ad-similāre > assimilāre.

7.2. velle, nōlle, mālle

velle, volō, voluī wollen, nōlle, nōlō, nōluī nicht wollen,
mālle, mālō, māluī lieber wollen.

Ind. Präs.			
	1. vol-ō	nōl-ō	māl-ō
	2. vī-s	nōn vīs	māvīs
	3. vul-t	nōn vult	māvult
	1. vol-u-mus	nōl-u-mus	māl-u-mus
	2. vul-tis	nōn vul-tis	māvultis
	3. vol-u-nt	nōl-u-nt	māl-u-nt

Ind. Impf.			
	1. vol-ē-ba-m	nōl-ē-ba-m	māl-ē-ba-m
	2. vol-ē-bā-s	nōl-ē-bā-s	māl-ē-bā-s
	etc.	etc.	etc.

Futur I			
	1. vol-a-m	nōl-a-m	māl-a-m
	2. vol-ē-s	nōl-ē-s	māl-ē-s
	etc.	etc.	etc.

Konj. Präs.			
	1. vel-i-m	nōl-i-m	māl-i-m
	2. vel-ī-s	nōl-ī-s	māl-ī-s
	etc.	etc.	etc.

Konj. Impf.			
	1. vel-le-m	nōl-le-m	māl-le-m
	2. vel-lē-s	nōl-lē-s	māl-lē-s
	etc.	etc.	etc.

Imperativ			
	2. —	nōl-ī	—
	2. —	nōl-ī-te	—

Ind. Perfekt			
	volu-ī	nōlu-ī	mālu-ī
	etc.	etc.	etc.

Merke: nōlī, nōlīte dienen zum Ausdruck des verneinten Imperativs, z. B.
nōlī dēspērāre verzweifle nicht! nōlīte flēre weint nicht!
Die Formen des Perfekts, Plusquamperfekts und Futur II von velle, nōlle,
mālle werden regelmäßig gebildet.

7.3. ferre, ferō, tulī, lātum tragen, bringen

	Aktiv Indikativ	Passiv Indikativ	Aktiv Konjunktiv	Passiv Konjunktiv
Präs.	1. fer-ō	fer-or	fer-a-m	fer-a-r
	2. **fer-s**	**fer-ris**	fer-ā-s	fer-ā-ris
	3. **fer-t**	**fer-tur**	fer-a-t	fer-ā-tur
	1. fer-i-mus	fer-i-mur	fer-ā-mus	fer-ā-mur
	2. **fer-tis**	fer-i-minī	fer-ā-tis	fer-ā-minī
	3. fer-u-nt	fer-u-ntur	fer-a-nt	fer-a-ntur
Impf.	1. fer-ē-ba-m	fer-ē-ba-r	**fer-re-m**	**fer-re-r**
	2. fer-ē-bā-s	fer-ē-bā-ris	fer-rē-s	fer-rē-ris
	etc.	etc.	etc.	etc.
Futur I	1. fer-a-m	fer-a-r	—	—
	2. fer-ē-s	fer-ē-ris		
	etc.	etc.		
Imper.	2. Sg. **fer**	—	—	—
	2. Pl. **fer-te**			
Perf.	**tul-ī**	**lātus sum**	tul-erim etc.	lātus sim etc.
Plusqpf.	tul-eram etc.	lātus eram etc.	tul-issem etc.	lātus essem etc.
Futur II	tul-erō etc.	lātus erō etc.	—	—

Infinitiv			**Partizip**	
Präs.	ferre	ferrī	**Präs. Aktiv**	ferēns, entis
Perf.	tulisse	lātus, a, um esse	**Perf. Passiv**	lātus, a, um
Futur	lātūrus, a, um esse	lātum īrī	**Fut. Aktiv**	lātūrus, a, um
			Gerundivum	ferendus, a, um
			Gerundium	ferend-ī

Merke: **ferre** folgt im Präsensstamm der **konsonantischen Konjugation**, vor r, s, t fällt der Bildevokal weg (Synkope).

Komposita von ferre

af-ferre	**áfferō**	**áttulī**	**allātus**	herbeitragen, melden
au-ferre	**aúferō**	**ábstulī**	**ablātus**	wegtragen, wegnehmen
cōn-ferre	**cónferō**	**cóntulī**	**collātus**	zusammentragen, vergleichen
sē cōnferre				sich begeben
dif-ferre	**dífferō**	**dístulī**	**dīlātus**	aufschieben
(transitiv)				
dif-ferre	**dífferō**	—	—	sich unterscheiden
(intransitiv)				
ef-ferre	**éfferō**	**éxtulī**	**ēlātus**	hinaustragen, erheben
īn-ferre	**ínferō**	**íntulī**	**illātus**	hineintragen, zufügen
of-ferre	**ófferō**	**óbtulī**	**oblātus**	anbieten

per-ferre	pérferō	pértulī	perlātus	hinbringen, durchführen, ertragen
prae-ferre	praéferō	praétulī	praelātus	vorantragen, vorziehen
re-ferre	réferō	réttulī	relātus	zurücktragen, berichten
refert				es ist daran gelegen
trāns-ferre	trānsferō	trānstulī	trānslātus	übertragen, übersetzen
tollere	tollō	sústulī	sublātus	emporheben, beseitigen, vernichten
ferunt, fertur, feruntur				man sagt, man erzählt
aegrē/molestē ferre				unwillig, empört sein, sich ärgern

7.4. īre, eō, iī, itum gehen

Indikativ Präsens	Perfekt	Imperfekt	Plusqpf.
1. e-ō[1]	i-ī	ī-ba-m	i-eram
2. ī-s	īstī	ī-bā-s	i-erās
3. i-t	i-it	etc.	etc.
1. ī-mus	i-imus		
2. ī-tis	īstis	**Futur I**	**Futur II**
3. e-u-nt	i-ērunt		
		ī-b-ō	i-erō
		ī-bi-s	i-eris
		etc.	etc.

Konjunktiv Präsens	Perfekt	Imperfekt	Plusqpf.
1. e-a-m	i-erim	ī-re-m	īssem
2. e-ā-s	i-eris	ī-rē-s	īssēs
etc.	etc.	etc.	etc.

Imperativ I	ī	geh!	Imperativ II	ītō	du sollst gehen!
	īte			ītōte	
				euntō	

Infinitiv Präsens	īre		Partizip Präsens	i-ēns, Gen. e-untis
Perfekt	īsse		Futur	it-ūrus, a, um

Gerundivum eundum est man muss gehen
Gerundium eundī des Gehens

Merke: īre bildet nur ein unpersönliches Passiv: **ītur** (man geht), **ĭtum est** (man ist gegangen). Transitive Komposita von īre, z. B. **praeterīre** (über-gehen), **trānsīre** (überschreiten), haben ein persönliches Passiv.

---

1 Der ursprüngliche Präsensstamm ei- wird vor den dunklen Vokalen a, o, u zu e, sonst zu i.

Komposita von īre

ab-īre	abeō	abiī	abitum	weggehen
ad-īre	adeō	adiī	aditum	herangehen, besuchen
ex-īre	exeō	exiī	exitum	hinausgehen, zu Ende gehen
in-īre	ineō	iniī	initum	betreten, beginnen
inter-īre	intereō	interiī	interitum	untergehen
per-īre	pereō	periī	peritum	zugrunde gehen, umkommen
praeter-īre	praetereō	praeteriī	praeteritum	vorbeigehen, übergehen
red-īre	redeō	rediī	reditum	zurückkehren
sub-īre	subeō	subiī	subitum	herangehen, auf sich nehmen
trāns-īre	trānseō	trānsiī	trānsitum	hinübergehen, über- schreiten
vēn-īre	vēneō	vēniī	—	verkauft werden

7.5. fierī, fīō, factus, sum werden, gemacht werden, geschehen

	Indikativ	Konjunktiv		Indikativ	Konjunktiv
Präs.	1. fī-ō	fī-a-m	**Perf.**	factus, a, um	factus, a, um
	2. fī-s	fī-ā-s		sum	sim
	3. fi-t	fī-a-t		etc.	etc.
	1. fī-mus	fī-ā-mus			
	2. fī-tis	fī-ā-tis			
	3. fī-u-nt	fī-a-nt			
Impf.	1. fī-ē-ba-m	fi-e-re-m	**Plusqpf.**	factus, a, um	factus, a, um
	2. fī-ē-bā-s	fi-e-rē-s		eram	essem
	etc.	etc.		etc.	etc.
Futur	1. fī-a-m	—	**Futur II**	factus, a, um	—
	2. fī-ē-s			erō	
	etc.			etc.	

Infinitiv	**Präsens**	**fierī** werden, gemacht werden, geschehen
	Perfekt	**factus, a, um esse** geworden sein, gemacht (worden zu) sein, geschehen sein
	Futur	**futūrus, a, um esse = fore** werden, geschehen werden

Beachte: **fierī** (gemacht werden) **dient als Passiv zu facere**, ebenso bei den Komposita **assuefacere** (gewöhnen), **patefacere** (öffnen), **satisfacere** (Genugtuung leisten), z. B. **assuefīunt** (sie gewöhnen sich), **patefīat** (es soll geöffnet werden).
Die Bedeutung „geschehen" hat **fierī** nur in der 3. Person Sg. und Pl., z. B.: **Fīat voluntās tua:** Dein Wille geschehe.
Bei fierī steht **immer** das **Prädikatsnomen**, nie das Adverb, z. B.: **Hic homō clārus factus est:** Dieser Mensch ist berühmt geworden.

Konjugationsmuster

Merke:

certior fīō dē   ich werde benachrichtigt von
saepe fit, ut   oft kommt es vor, dass
ita factum est, ut   so kam es, dass
fierī potest, ut   es kann geschehen, dass; es ist möglich, dass

8. Unvollständige Verben (Verba defectiva)

a) **meminisse** (sich erinnern, gedenken) und **ōdisse** (hassen) bilden nur Formen des Perfektaktivstammes mit präsentischer Bedeutung.

Indikativ		Konjunktiv	
memin-ī, -īsti, **-it** etc.	ich erinnere mich	**meminerim,** **-eris** etc.	ich möge mich erinnern
memin-eram, **-erās** etc.	ich erinnerte mich	**meminissem,** **-issēs** etc.	ich würde mich erinnern
memin-erō, **-eris** etc.	ich werde mich erinnern		

Imperativ: mementō gedenke! **mementōte** gedenkt!

ōd-ī, istī, it etc.	ich hasse	**ōderim, -eris** etc.	ich möge hassen
ōd-eram, **-erās** etc.	ich hasste	**ōdissem,** **-issēs** etc.	ich würde hassen
ōd-erō, -eris etc.	ich werde hassen		

b) Als **Einzelformen** kommen vor:

1. **aiō** ich sage, behaupte, **ait** er sagt, er hat gesagt, **aiunt** sie sagen, man sagt
2. **inquit** (in die direkte Rede eingeschoben) er sagt, er sagte
3. **quaesō** (ich) bitte, **quaesumus** wir bitten
4. **salvē, avē** sei gegrüßt!, **salvēte, avēte** seid gegrüßt!
5. **valē** lebe wohl!, **valēte** lebt wohl!

9. Unpersönliche Verben (Verba impersonalia)

Präsens	Perfekt	
áccidit	áccidit	es ereignet sich, es trifft sich
appāret	—	es ist offenbar
cōnstat	—	es ist bekannt, bekanntlich
contíngit	cóntigit	es gelingt, es glückt
decet	decuit	es ziemt sich, es schickt sich
évenit	évēnit	es ereignet sich, es trifft sich
interest	—	es liegt im Interesse, es ist wichtig
iuvat	—	es macht Freude
libet (lubet)	libuit	es beliebt
licet	licuit	es ist erlaubt
miseret	—	es erbarmt, es jammert
oportet	—	es gehört sich, es ist nötig
paenitet	paenituit	es reut
piget	piguit	es ärgert
placet	placuit	es gefällt, man beschließt
praestat	—	es ist besser
pudet	puduit	es beschämt
refert	—	es ist daran gelegen, es kommt darauf an
taedet	taeduit	es ekelt

10. Komposition der Verben

Komposita sind Verben, die aus dem **Grundwort (Simplex)** und einer **Vorsilbe (Präfix)** zusammengesetzt sind.

Als Präfix wird meistens eine Präposition (ā-volāre) verwandt oder eine Partikel (dis-cēdere), zuweilen auch ein Adverb (male-dīcere) oder ein Substantiv (nāv-igāre < nāvem agere). Mit der Kenntnis der Präfixe gewinnt man das Verständnis vieler Komposita.

Beachte die Veränderung der Präpositionen vor allem durch Assimilation!

1. Präpositionen als Präfix

Form und Bedeutung als Präposition	Bedeutung als Präfix	Beispiele
ā, ab = von, von – her	ab-, weg-, fort-	**āvertere** abwenden, **abīre** weggehen, fortgehen, **abstrahere** fortschleppen
ad = zu, an, bei	hinzu-, an-, heran-, herbei-	**addere** hinzufügen, **accēdere** herantreten, **assimilāre** angleichen, **apportāre** herbeitragen
ante = vor	vor-, voran-	**antepōnere** vorziehen, **antecēdere** vorangehen
circum = um – herum	um-, umher-	**circumdare** umgeben, **circumfluere** herumfließen, **circumspicere** umherblicken
cum = (zusammen) mit	zusammen-; verstärkend	**comportāre** zusammentragen, **contrahere** zusammenziehen, **cōgere (co-agere)** zusammentreiben, **cōnfīrmāre** befestigen, stärken
dē = von – herab, von, über	herab-, über-; verstärkend	**dēscendere** herabsteigen, **dēscrībere** über etwas schreiben, beschreiben, **dēspicere** von oben herabsehen, verachten, **dēvincere** völlig besiegen
ex, ē = aus	aus-, hinaus-, heraus-	**ēmigrāre** auswandern, **exīre** hinausgehen, **extrahere** herausziehen
in[1] = in, an, auf	ein-, hinein-, an-, auf-	**importāre** einführen, **incurrere** hineinlaufen, **impellere** anstoßen, **impōnere** hineinlegen, auflegen

---

1 Unterscheide die Präposition **in** von der Partikel in ... = un ...! (s. S. 38).

Form und Bedeutung als Präposition	Bedeutung als Präfix	Beispiele
inter = zwischen, unter	(da)zwischen-, unter-	**interesse** dazwischen sein, teilnehmen, **intercēdere** dazwischentreten, **interdīcere** untersagen
ob = gegen – hin, wegen	entgegen-	**obesse** entgegen sein, schaden, **occurrere** entgegenlaufen, begegnen, **offerre** entgegenbringen, anbieten
per = durch, durch – hindurch	durch-, hindurch- (bis ans Ziel); verstärkend: sehr, völlig	**percurrere** durchlaufen, **perspicere** hindurchschauen, **pervenīre** bis ans Ziel kommen, gelangen, **perterrēre** sehr erschrecken, **perturbāre** völlig verwirren
prae = vor	vor-, voran-, voraus-	**praescrībere** vorschreiben, **praestāre** voranstehen, übertreffen, **praemittere** vorausschicken
praeter = vorbei an, außer	vorbei-, vorüber-	**praeterīre** vorbeigehen, übergehen, **praetermittere** vorübergehen lassen, unterlassen
prō = vor, für (zum Schutz von, an Stelle von)	vor-, hervor-, für	**prōcēdere** vorgehen, **prōvocāre** hervorrufen, herausfordern, **prōdesse** (für jemand sein) nützen, **prōcūrāre** an Stelle von jemand besorgen, verwalten
sub = unter	unter-, von unten	**subscrībere** unterschreiben, **subtrahere** unter etwas wegziehen, entziehen, **sustinēre** von unten her halten, aushalten
trāns = jenseits, über – hin	hinüber-, über-	**trānsferre** hinübertragen, übertragen, **trānsfugere** überlaufen, **trādūcere** hinüberführen, übersetzen

2. Partikeln als Präfix

amb-, am-	um – herum	**ambīre** um etwas herumgehen, umwerben, **amplectī** umfassen, umarmen
dis-, dī-	auseinander-, zer-	**discēdere** auseinander gehen, **distāre** auseinander stehen, entfernt sein, **dīrumpere** zerreißen, zerbrechen
in-, ī-	un-, nicht	**īnsānīre** unsinnig handeln, wahnsinnig sein, **īgnōrāre** unkundig sein, nicht wissen
ne-		**nescīre** nicht wissen, **negāre** verneinen; sagen, dass nicht
intrō-	hinein-	**introīre** hineingehen, eintreten, **intrōdūcere** hineinführen, einführen
re-, red-	zurück-, wieder-, wider (gegen)	**redīre** zurückkehren, **reficere** wiederherstellen, **resistere** widerstehen, sich widersetzen
sē-	für sich, beseite, weg-	**sēcēdere** beiseite gehen, weggehen, **sēparāre** für sich bereiten, absondern, trennen, **sēpōnere** beiseite legen, absondern

11. Verzeichnis häufiger aktiver Verben und ihrer Stammformen

Verben der ā-Konjugation

a) v-Perfekt

1. **laudāre**   laudō   laudāvī   laudātus   loben

Ebenso bilden die Stammformen:

2. **abundāre**	überfließen, Überfluss haben	24. **celebrāre**	eifrig besuchen, preisen, feiern
3. **accelerāre**	beschleunigen	25. **cēnāre**	speisen, essen
4. **accommodāre**	anpassen	26. **certāre**	kämpfen, streiten, wetteifern
5. **accūsāre**	anklagen	**dēcertāre**	um die Entscheidung kämpfen
recūsāre	verweigern, sich weigern	27. **cessāre**	zögern, nachlassen
excūsāre	entschuldigen	28. **citāre**	antreiben, herbeirufen
6. **adaequāre** mit Akk.	gleichkommen, erreichen	**incitāre**	antreiben, anspornen
7. **aedificāre**	bauen, erbauen	**excitāre**	auftreiben, aufrufen
8. **aegrōtāre**	krank sein	**recitāre**	vorlesen
9. **aestimāre**	schätzen, beurteilen	**sollicitāre**	heftig erregen, beunruhigen
10. **agitāre**	eifrig betreiben, hetzen, aufregen	29. **clāmāre**	schreien, laut rufen
11. **amāre**	lieben	30. **cōgitāre**	denken
12. **ambulāre**	hin und her gehen, spazierengehen	31. **commūnicāre**	vereinigen, mitteilen
13. **amputāre**	ringsum abschneiden	32. **comparāre**	vergleichen
14. **animāre**	beseelen, beleben	33. **conciliāre**	gewinnen, erwerben
15. **appellāre**	ansprechen, nennen, benennen	34. **congregāre**	vereinigen, versammeln
16. **appropinquāre**	sich nähern	35. **cōnsīderāre**	betrachten, überlegen
17. **arāre**	pflügen	36. **cōnsultāre**	sich beraten, um Rat fragen
18. **armāre**	bewaffnen	37. **contāmināre**	beflecken, entehren
19. **bellāre**	Krieg führen	38. **continuāre**	fortsetzen
20. **cantāre**	singen	39. **creāre**	erschaffen, wählen
21. **captāre**	fangen, zu erlangen suchen	**recreāre**	wiederherstellen, erquicken
22. **castigāre**	züchtigen, strafen		
23. **cēlāre**	verheimlichen, verbergen		

Stammformen

40. **cremāre**	verbrennen, einäschern	68. **fīrmāre**	befestigen, sichern, stärken
41. **cruciāre**	martern, peinigen	**affīrmāre**	befestigen, behaupten, versichern
42. **cumulāre**	häufen, überhäufen		
43. **cūrāre**	sorgen, besorgen, pflegen, behandeln	**cōnfīrmāre**	befestigen, stärken, bestätigen
		69. **flāgitāre**	dringend fordern, verlangen
44. **damnāre**	verurteilen		
45. **dēclārāre**	erklären	70. **flagrāre**	brennen, lodern
46. **dēclīnāre**	abbiegen, ablenken	71. **flāre**	blasen, wehen
		efflāre	aushauchen, sterben
47. **decorāre**	schmücken, zieren	**īnflāre**	hineinblasen, aufblasen
48. **dēlectāre**	erfreuen		
49. **dēlīberāre**	überlegen	72. **fōrmāre**	formen, bilden, gestalten
50. **dēsīderāre**	sich sehnen, begehren	**dēfōrmāre**	verunstalten, entstellen
51. **dēstināre**	bestimmen, beschließen	73. **frequentāre**	oft, regelmäßig besuchen
52. **dēvorāre**	verschlingen		
53. **dicāre**	weihen, widmen	74. **fugāre**	in die Flucht schlagen, vertreiben
dēdicāre	weihen, widmen		
praedicāre	verkünden, preisen	75. **generāre**	erzeugen, erschaffen
abdicāre	abdanken	**dēgenerāre**	entarten
54. **dictāre**	vorsagen, diktieren	76. **gravāre**	beschweren, belasten
55. **dīmicāre**	kämpfen	77. **gubernāre**	steuern, lenken, leiten
56. **dōnāre**	schenken		
57. **dubitāre**	zweifeln, Bedenken tragen	78. **gūstāre**	kosten, schmecken
58. **dūrāre**	härten, abhärten	79. **habitāre**	wohnen, bewohnen
59. **ēducāre**	erziehen		
60. **ēmendāre**	verbessern	80. **hiāre**	klaffen, offenstehen, den Mund aufsperren
61. **equitāre**	reiten		
62. **errāre**	umherirren, sich irren	81. **hiemāre**	überwintern
63. **exīstimāre**	beurteilen, meinen, glauben, halten für	82. **honorāre**	ehren, auszeichnen
		83. **humāre**	beerdigen
64. **explicāre**	entfalten, erklären	84. **iactāre**	werfen, schleudern
65. **explōrāre**	erkunden, erforschen	**sē iactāre**	großtun, prahlen
66. **fatīgāre**	ermüden (transitiv), plagen	85. **īgnōrāre**	nicht kennen, nicht wissen
dēfatīgāre	völlig ermüden, erschöpfen	86. **illūstrāre**	erleuchten, ans Licht bringen, aufklären
67. **fēstīnāre**	eilen, sich beeilen		

87. **immolāre**	opfern	**admini-**	leiten, lenken,
88. **imperāre**	befehlen, auf-	**strāre**	verwalten
	erlegen	109. **mōnstrāre**	zeigen
89. **impetrāre**	erlangen,	**dēmōn-**	genau zeigen,
	erreichen	**strāre**	beweisen
90. **incohāre**	anfangen,	110. **multāre**	strafen, bestrafen
	beginnen	111. **mūtāre**	wechseln,
91. **īnflammāre**	anzünden,		ändern, tauschen
	entflammen	**commūtāre**	verändern, ver-
92. **intrāre**	eintreten,		tauschen
	betreten	112. **narrāre**	erzählen
93. **investīgāre**	aufspüren,	113. **natāre**	schwimmen
	erforschen	114. **nāvigāre**	mit dem Schiff
94. **invītāre**	einladen		fahren, segeln
95. **iūdicāre**	richten, urteilen	115. **necāre**	töten, morden
96. **iūrāre**	schwören	116. **negāre**	verneinen; sagen,
coniūrāre	sich verschwören		dass nicht
97. **labōrāre**	arbeiten, leiden	117. **nōmināre**	nennen, benen-
	an, in Bedrängnis		nen; Passiv:
	sein		heißen
98. **lacerāre**	zerfetzen, zer-	118. **notāre**	kennzeichnen,
	fleischen		bezeichnen
99. **lacrimāre**	weinen	119. **nūdāre**	entkleiden, ent-
100. **lātrāre**	bellen		blößen
101. **levāre**	erleichtern, auf-	120. **numerāre**	zählen
	richten	121. **nūntiāre**	melden, ver-
sublevāre	aufrichten, unter-		künden
	stützen, erleich-	**dēnūntiāre**	ankündigen,
	tern		anzeigen
102. **līberāre**	befreien	122. **obscūrāre**	verdunkeln
103. **locāre**	stellen, setzen,	123. **occultāre**	verbergen, ver-
	legen		heimlichen
collocāre	aufstellen, hin-	124. **occupāre**	einnehmen,
	setzen, anlegen		besetzen
104. **mandāre**	übergeben,	125. **onerāre**	beladen,
	anvertrauen		belasten
commen-	anvertrauen,	126. **optāre**	wünschen
dāre	empfehlen	127. **ōrāre**	bitten, beten
105. **memorāre**	in Erinnerung	**adōrāre**	anbeten, ver-
	bringen, erwäh-		ehren
	nen, berichten	128. **ōrdināre**	ordnen
commemo-	erinnern, erwäh-	129. **ōrnāre**	ausrüsten,
rāre	nen		schmücken
106. **migrāre**	wandern	**exōrnāre**	ausrüsten, aus-
ēmigrāre	auswandern		schmücken
immigrāre	einwandern	130. **ostentāre**	wiederholt zei-
107. **mīlitāre**	Soldat sein,		gen, zur Schau
	Kriegsdienste		stellen
	leisten	131. **pācāre**	befrieden, unter-
108. **ministrāre**	bedienen		werfen

Stammformen

132.	parāre	bereiten, vorbereiten
	comparāre	bereiten, beschaffen, erwerben
	apparāre	zubereiten
	praeparāre	vorbereiten
	reparāre	wiederherstellen, erneuern
	sēparāre	absondern, trennen
133.	peccāre	fehlen, sündigen
134.	penetrāre	eindringen
135.	pēnsāre	abwägen, vergelten, erwägen
	compēnsāre	aufwägen, ausgleichen
136.	peragrāre	durchwandern
137.	persevērāre	verharren, fortfahren
138.	plācāre	beruhigen, besänftigen, versöhnen
139.	plōrāre	laut weinen, heulen
	dēplōrāre	laut weinen, beklagen
	implōrāre	unter Tränen anflehen
140.	portāre	tragen, bringen
	apportāre	herbeitragen
	asportāre	wegbringen, wegschaffen
	importāre	einführen
	exportāre	hinaustragen, ausführen
	trānsportāre	hinüberbringen
141.	postulāre	fordern
142.	pōtāre	viel trinken, saufen
143.	praecipitāre	hinabstürzen
144.	prīvāre mit Abl.	berauben
145.	probāre	prüfen, billigen
	approbāre	billigen, anerkennen
	improbāre	missbilligen
146.	prōpāgāre	ausdehnen, erweitern

147.	properāre	eilen, sich beeilen
	pugnāre	kämpfen
148.	expugnāre	erobern
	oppugnāre	angreifen, bestürmen
149.	pulsāre	schlagen, stoßen
	prōpulsāre	abwehren
150.	purgāre	reinigen, rechtfertigen
151.	putāre	meinen, glauben, halten für
	disputāre	erörtern, untersuchen
	computāre	zusammenrechnen, abrechnen
	reputāre	berechnen, erwägen, überlegen
152.	raptāre	raffen, rauben
153.	recuperāre	wiedererlangen, wiedergewinnen
154.	rēgnāre	König sein, herrschen
155.	renovāre	erneuern, wiederherstellen
156.	repudiāre	zurückweisen, verschmähen
157.	rogāre	fragen, bitten
	interrogāre	fragen, befragen
158.	sacrāre	heiligen, weihen
	cōnsecrāre	heiligen, weihen
	obsecrāre	anflehen, beschwören
159.	sacrificāre	opfern, ein Opfer darbringen
160.	saltāre	tanzen
161.	salūtāre	grüßen
162.	sānāre	heilen
163.	satiāre	sättigen
164.	sedāre	beruhigen, dämpfen
165.	servāre	retten, bewahren
	cōnservāre	aufbewahren, unversehrt erhalten
	observāre	beobachten
	reservāre	aufbewahren
166.	siccāre	trocknen, austrocknen

167. **sīgnāre**	mit einem Zeichen versehen, bezeichnen	186. **trucidāre**	abschlachten, niedermetzeln
dēsīgnāre	bezeichnen, ernennen	187. **turbāre**	verwirren, beunruhigen
168. **sīgnificāre**	anzeigen, bedeuten	**perturbāre**	ganz verwirren, aus der Fassung bringen
169. **simulāre**	vorgeben, heucheln, sich stellen als ob	188. **vacāre**	leer sein, frei sein
170. **sociāre**	verbinden, vereinigen	189. **vāstāre**	verwüsten
		190. **vēlāre**	verhüllen
cōnsociāre	verbinden, vereinigen	191. **verberāre**	schlagen, mit Ruten peitschen
171. **spectāre**	schauen, betrachten	192. **vexāre**	heimsuchen, quälen
exspectāre	ausschauen, erwarten	193. **vibrāre**	schwingen (transitiv), schütteln, zittern
172. **spērāre**	hoffen	194. **vigilāre**	wachen, wachsam sein
dēspērāre	verzweifeln		
173. **spīrāre**	atmen, leben	195. **vindicāre**	befreien, beschützen; bestrafen
174. **spoliāre** mit Abl.	berauben, ausplündern		
175. **stimulāre**	stacheln, anspornen, peinigen	196. **violāre**	verletzen, beleidigen
176. **sūdāre**	schwitzen	197. **vīsitāre**	besuchen
177. **superāre**	überlegen sein, überwinden	198. **vītāre**	meiden, vermeiden
178. **sustentāre**	aushalten, unterhalten	199. **vituperāre**	tadeln
		200. **vocāre**	rufen
179. **tardāre**	zögern, verzögern	**advocāre**	herbeirufen, zu Hilfe rufen
180. **temperāre**	mit Akk.: richtig mischen, ordnen, leiten mit Dat.: mäßigen, schonen	**convocāre**	zusammenrufen, versammeln
		prōvocāre	hervorrufen, herausfordern
obtemperāre	gehorchen	**revocāre**	zurückrufen, wiederherstellen
181. **temptāre**	versuchen	201. **volāre**	fliegen, eilen
182. **tolerāre**	ertragen	**āvolāre**	wegfliegen, enteilen
183. **tractāre**	behandeln, verwalten	**advolāre**	herbeifliegen, heraneilen
184. **trepidāre**	ängstlich hin und her laufen, in unruhiger Erregung sein	**prōvolāre**	hervorfliegen, hervoreilen
185. **triumphāre**	triumphieren, einen Triumph feiern	202. **vulnerāre**	verwunden

b) u-Perfekt

203. cubāre	cubō	cubuī	cubitum	liegen
204. domāre	domō	domuī	domitus	zähmen, bezwingen
205. sonāre	sonō	sonuī	—	tönen, rauschen
206. vetāre	vetō	vetuī	vetitus	hindern, verbieten
mit a.c.i.				
207. secāre	secō	secuī	sectus	schneiden

c) Dehnungsperfekt

208. iuvāre	iuvō	iūvī	iūtus	unterstützen, helfen
mit Akk.				
adiuvāre	ádiuvō	adiūvī	adiūtus	unterstützen, helfen
mit Akk.				
209. lavāre	lavō	lāvī	lautus	waschen, baden (transitiv)
lavārī				sich waschen, (sich) baden

d) Reduplikationsperfekt

210. dare	dō	dedī	datus	geben
211. stāre	stō	stetī	statum	stehen
cōnstāre	cōnstō	cōnstitī	—	feststehen, bestehen aus, kosten
cōnstat mit a.c.i.				bekanntlich
īnstāre	īnstō	īnstitī		bedrängen, drohen
mit Dat.				
praestāre	praestō	praestitī		mit Akk.: leisten mit Dat.: voranstehen, übertreffen
sē praestāre (cōnstantem)				sich (standhaft) zeigen, sich bewähren
praestat				es ist besser

Verben der ē-Konjugation

a) v-Perfekt

212. dēlēre	dēleō	dēlēvī	dēlētus	tilgen, zerstören
213. flēre	fleō	flēvī	flētum	weinen, beweinen
214. complēre	compleō	complēvī	complētus	anfüllen, erfüllen

b) u-Perfekt

215.	arcēre	arceō	arcuī	—	abwehren, fernhalten
	coërcēre	coërceō	coërcuī	coërcitus	in Schranken halten, zügeln
	exercēre	exerceō	exercuī	exercitātus	üben, ausbilden
216.	habēre	habeō	habuī	habitus	haben, halten
	adhibēre	adhibeō	adhibuī	adhibitus	anwenden, heranziehen
	prohibēre	prohibeō	prohibuī	prohibitus	fernhalten, hindern
	praebēre	praebeō	praebuī	praebitus	darreichen, gewähren
	sē praebēre (attentum)				sich (aufmerksam) zeigen, sich erweisen
	dēbēre	dēbeō	dēbuī	dēbitus	schulden, müssen, verdanken
217.	merēre	mereō	meruī	meritus	verdienen
218.	monēre	moneō	monuī	monitus	erinnern, ermahnen
219.	nocēre	noceō	nocuī	nocitum	schaden
220.	placēre	placeō	placuī	placitum	gefallen
	displicēre	displiceō	displicuī	displicitum	missfallen
221.	tacēre	taceō	tacuī	tacitum	schweigen
222.	terrēre	terreō	terruī	territus	erschrecken (transitiv)
	perterrēre	perterreō	perterruī	perterritus	sehr erschrecken
223.	docēre	doceō	docuī	doctus	lehren, unterrichten
224.	miscēre	misceō	miscuī	mixtus	mischen
225.	tenēre	teneō	tenuī	—	halten, festhalten
	abstinēre mit Abl.	abstineō	abstinuī	—	sich enthalten
	continēre	contineō	continuī	—	zusammenhalten, anhalten, etwas enthalten
	obtinēre	obtineō	obtinuī	obtentus	im Besitz haben, festhalten, behaupten
	pertinēre	pertineō	pertinuī	—	sich erstrecken, dienen zu
	retinēre	retineō	retinuī	retentus	zurückhalten, behalten
	sustinēre	sustineō	sustinuī	—	aushalten, übernehmen
226.	cēnsēre	cēnseō	cēnsuī	cēnsus	abschätzen, meinen, beantragen, beschließen
227.	carēre mit Abl.	careō	caruī	—	ohne etwas sein, entbehren
228.	dolēre	doleō	doluī	—	schmerzen, bedauern
229.	egēre mit Abl.	egeō	eguī	—	Not leiden, nötig haben

230. florēre	floreō	floruī	—	blühen, angesehen sein
231. horrēre	horreō	horruī	—	schaudern, zittern
232. iacēre	iaceō	iacuī	—	liegen, daliegen
233. latēre	lateō	latuī	—	verborgen sein
234. licēre	licet	licuit	—	erlaubt sein
235. oportēre	oportet	oportuit	—	sich gehören, nötig sein
236. pārēre	pāreō	pāruī	—	gehorchen
appārēre	appāreō	appāruī	—	erscheinen, sich zeigen
appāret mit a.c.i.				es ist offenbar
237. patēre	pateō	patuī	—	offenstehen, sich erstrecken
238. studēre mit Dat.	studeō	studuī	—	sich bemühen um, sich beschäftigen mit, streben nach
239. timēre	timeō	timuī	—	fürchten, sich fürchten, sich scheuen
240. valēre	valeō	valuī	—	gesund sein, stark sein, gelten

c) s-Perfekt

241. ārdēre	ārdeō	ārsī	ārsūrus	brennen, entbrannt sein
242. rīdēre	rīdeō	rīsī	rīsus	lachen, verlachen
243. suādēre	suādeō	suāsī	suāsum	raten
persuā- dēre mit Dat.	persuā- deō	persuā- sī	persuā- sum	überreden (mit Finalsatz), überzeugen (mit a.c.i.)
244. manēre	maneō	mānsī	mānsum	bleiben, bestehen- bleiben
245. iubēre mit a.c.i.	iubeō	iussī	iussus	heißen, befehlen
246. augēre	augeō	auxī	auctus	vermehren, ver- größern
247. lūcēre	lūceō	lūxī	—	leuchten
248. lūgēre	lūgeō	lūxī	—	trauern, betrauern

d) Dehnungsperfekt

249. cavēre mit Akk.	caveō	cāvī	cautus	sich hüten, sich in Acht nehmen vor
250. favēre mit Dat.	faveō	fāvī	fautum	günstig sein, be- günstigen
251. movēre	moveō	mōvī	mōtus	bewegen, beein- flussen, veranlassen

Stammformen

commo- vēre	commo- veō	commōvī	commōtus	bewegen, beein- flussen, veranlassen
permovēre	permoveō	permōvī	permōtus	veranlassen, erregen
252. vovēre	voveō	vōvī	vōtus	geloben (den Göttern)
253. sedēre	sedeō	sēdī	sessum	sitzen
obsidēre	obsideō	obsēdī	obsessus	belagern
possidēre	possideō	possēdī	possessum	besitzen
254. vidēre	videō	vīdī	vīsus	sehen
invidēre	invideō	invīdī	invīsum	beneiden
mit Dat.				
prōvidēre	prōvideō	prōvīdī	prōvīsus	m. Akk.: vorhersehen m. Dat.: sorgen für

e) Reduplikationsperfekt

255. pendēre	pendeō	pependī	—	hängen, schweben
256. spondēre	spondeō	spopondī	spōnsus	geloben, feierlich versprechen
respon- dēre	respon- deō	respondī	respōnsum	antworten

Verben der konsonantischen Konjugation

a) v-Perfekt

257. arcessere	arcessō	arcessīvī	arcessītus	herbeiholen
258. lacessere	lacessō	lacessīvī	lacessītus	reizen
259. petere	petō	petīvī	petītus	erstreben, angreifen, erbitten
appetere	áppetō	appetīvī	appetītus	erstreben, begehren, angreifen
repetere	répetō	repetīvī	repetītus	zurückfordern, wiederholen
260. quaerere	quaerō	quaesīvī	quaesītus	suchen, erwerben, fragen (ex)
261. sinere	sinō	sīvī	situs	lassen, zulassen
dēsinere	dēsinō	dēsiī	dēsitus	ablassen, aufhören
262. cernere	cernō	crēvī	crētus	scheiden, entschei- den, erkennen
dēcernere	dēcernō	dēcrēvī	dēcrētus	entscheiden, beschließen
263. serere	serō	sēvī	satus	säen, pflanzen, erzeugen
264. spernere	spernō	sprēvī	sprētus	verschmähen, ver- achten
265. crēscere	crēscō	crēvī	—	wachsen

266.	nōscere	nōscō	nōvī	nōtus	kennen lernen, erkennen
	īgnōscere	īgnōscō	īgnōvī	īgnōtus	verzeihen
	cōgnōscere	cōgnōscō	cōgnōvī	cógnitus	kennen lernen, erfahren
267.	quiēscere	quiēscō	quiēvī	—	ruhen
268.	cōnsuēscere	cōnsuēscō	cōnsuēvī	—	sich gewöhnen
	cōnsuēvī				ich bin gewohnt, ich pflege

b) **u-Perfekt**

269.	alere	alō	aluī	altus	ernähren
270.	colere	colō	coluī	cultus	pflegen, bebauen, verehren
	incolere	íncolō	incoluī	incultus	wohnen, bewohnen
271.	cōnsulere	cōnsulō	cōnsuluī	cōnsultus	mit Akk.: um Rat fragen
					mit Dat.: sorgen für
272.	serere	serō	seruī	sertus	aneinander reihen
	dēserere	dēserō	dēseruī	dēsertus	im Stich lassen
	disserere	dísserō	disseruī	dissertus	erörtern, besprechen
273.	gignere	gignō	genuī	genitus	erzeugen, hervorbringen
274.	pōnere	pōnō	posuī	positus	stellen, setzen, legen
	dispōnere	dispōnō	disposuī	dispositus	auseinander stellen, verteilen, ordnen
	expōnere	expōnō	exposuī	expositus	ausstellen, aussetzen, auseinander setzen
	impōnere	impōnō	imposuī	impositus	hineinlegen, auferlegen, einsetzen
	oppōnere	oppōnō	opposuī	oppositus	entgegenstellen
	prōpōnere	prōpōnō	prōposuī	prōpositus	vorstellen, sich vor Augen stellen, vorbringen

c) **s-Perfekt**

Gutturalstämme: **g, c + s > x**

275.	dīcere	dīcō	dīxī	dictus	sagen, sprechen, nennen
	ēdīcere	ēdīcō	ēdīxī	ēdictus	aussagen, verordnen
	indīcere	indīcō	indīxī	indictus	ansagen, ankündigen
	interdīcere	interdīcō	interdīxī	interdictus	untersagen

276. dūcere	dūcō	dūxī	ductus	führen, halten für
addūcere	addūcō	addūxī	adductus	hinführen, veranlassen
dēdūcere	dēdūcō	dēdūxī	dēductus	hinabführen, wegführen, geleiten
indūcere	indūcō	indūxī	inductus	hineinführen, bewegen, veranlassen
perdūcere	perdūcō	perdūxī	perductus	hinführen, verführen, veranlassen
prōdūcere	prōdūcō	prōdūxī	prōductus	vorführen, hervorbringen
trādūcere	trādūcō	trādūxī	trāductus	hinüberführen, übersetzen
277. regere	regō	rēxī	rēctus	lenken, leiten, regieren
corrigere	córrigō	corrēxī	corrēctus	berichtigen, verbessern
dīrigere	dírigō	dīrēxī	dīrēctus	gerade richten, ausrichten
ērigere	ērigō	ērēxī	ērēctus	aufrichten, ermutigen
pergere	pergō	perrēxī	perrēctus	vorrücken, fortfahren
surgere	surgō	surrēxī	surrēctus	aufstehen, sich erheben
278. tegere	tegō	tēxī	tēctus	decken, bedecken
dētegere	détegō	dētēxī	dētēctus	aufdecken, entdecken
prōtegere	prótegō	prōtēxī	prōtēctus	bedecken, beschützen
279. afflīgere	afflīgō	afflīxī	afflīctus	niederschlagen, beschädigen
cōnflīgere	cōnflīgō	cōnflīxī	cōnflīctus	zusammenstoßen, kämpfen
280. flectere	flectō	flexī	flexus	biegen, beugen
281. fīgere	fīgō	fīxī	fīxus	anheften, anschlagen
282. fingere	fingō	fīnxī	fictus	bilden, gestalten, ersinnen
283. iungere	iungō	iūnxī	iūnctus	verbinden, vereinigen
coniungere	coniungō	coniūnxī	coniūnctus	verbinden, vereinigen
adiungere	adiungō	adiūnxī	adiūnctus	hinzufügen, anschließen
284. exstinguere	exstinguō	exstīnxī	exstīnctus	auslöschen, vernichten
distinguere	distinguō	distīnxī	distīnctus	verzieren, unterscheiden
285. trahere	trahō	trāxī	tractus	ziehen, schleppen
286. vehere	vehō	vēxī	vectus	transitiv: fahren, ziehen

Stammformen

287. fluere	fluō	flūxī	—	fließen, strömen
288. struere	struō	strūxī	strūctus	aufschichten, erbauen
cōnstruere	cōnstruō	cōnstrūxī	cōnstrūctus	aufbauen, erbauen
īnstruere	īnstruō	īnstrūxī	īnstrūctus	aufstellen, ausrüsten
289. vīvere	vīvō	vīxī	vīctūrus	leben

Dentalstämme: **d**, **t** + **s** oder **t** nach kurzem Vokal > **ss**
                 d, **t** + **s** oder **t** nach langem Vokal > **s**

290. cēdere	cēdō	cessī	cessum	gehen, weichen
accēdere	accēdō	accessī	accessum	herangehen, hinzukommen
concēdere	concēdō	concessī	concessum	weichen, zugeben, erlauben
discēdere	discēdō	discessī	discessum	auseinander gehen, weggehen
prōcēdere	prōcēdō	prōcessī	prōcessum	vorrücken, Fortschritte machen
succēdere	succēdō	successī	successum	heranrücken, nachfolgen
291. claudere	claudō	clausī	clausus	schließen
conclū-dere	conclūdō	conclūsī	conclūsus	einschließen, folgern
interclū-dere	interclūdō	interclūsī	interclūsus	abschneiden
292. dīvidere	dīvidō	dīvīsī	dīvīsus	teilen
293. vādere	vādō	—	—	schreiten, gehen
ēvādere	ēvādō	ēvāsī	ēvāsum	hinausgehen, entkommen
invādere	invādō	invāsī	invāsum	eindringen, einfallen
294. laedere	laedō	laesī	laesus	verletzen, beleidigen
295. lūdere	lūdō	lūsī	lūsum	spielen
illūdere	illūdō	illūsī	illūsus	sein Spiel treiben, verspotten
296. mittere	mittō	mīsī	missus	schicken, senden, fortlassen
āmittere	āmittō	āmīsī	āmissus	loslassen, verlieren
admittere	admittō	admīsī	admissus	zulassen
commit-tere	committō	commīsī	commissus	zustande bringen, beginnen, begehen; überlassen, anvertrauen
dīmittere	dīmittō	dīmīsī	dīmissus	entlassen
intermit-tere	intermittō	intermīsī	intermissus	dazwischen lassen, unterbrechen
omittere	omittō	omīsī	omissus	unterlassen, übergehen
permittere	permittō	permīsī	permissus	überlassen, erlauben
prōmittere	prōmittō	prōmīsī	prōmissus	versprechen

Stammformen

remittere	**remittō**	**remīsī**	**remissus**	zurückschicken, nachlassen
submit- **tere**	**submittō**	**submīsī**	**submissus**	senken, zu Hilfe schicken

Labialstämme: **b + s > ps**

297. **nūbere** mit Dat.	**nūbō**	**nūpsī**	**nūptum**	heiraten (einen Mann)
298. **scrībere**	**scrībō**	**scrīpsī**	**scrīptus**	schreiben
cōnscrī- **bere**	**cōnscrībō**	**cōnscrīpsī**	**cōnscrīptus**	einschreiben, eintragen, (Soldaten) ausheben
dēscrī- **bere**	**dēscrībō**	**dēscrīpsī**	**dēscrīptus**	beschreiben, bestimmen
praescrī- **bere**	**praescrī-** **bō**	**praescrīp-** **sī**	**praescrīp-** **tus**	vorschreiben, verordnen
prōscrī- **bere**	**prōscrībō**	**prōscrīpsī**	**prōscrīptus**	öffentlich bekannt machen, ächten

Sonstige:

299. **contem-** **nere**	**contemnō**	**contempsī**	**contemptus**	verachten
300. **sūmere**	**sūmō**	**sūmpsī**	**sūmptus**	nehmen
cōnsū- **mere**	**cōnsūmō**	**cōnsūmpsī**	**cōnsūmp-** **tus**	verbrauchen, verzehren
301. **mergere**	**mergō**	**mersī**	**mersus**	eintauchen, versenken
302. **spargere**	**spargō**	**sparsī**	**sparsus**	streuen, ausstreuen
303. **gerere**	**gerō**	**gessī**	**gestus**	tragen, vollbringen, führen
304. **ūrere**	**ūrō**	**ussī**	**ūstus**	transitiv: brennen, verbrennen
305. **premere**	**premō**	**pressī**	**pressus**	drücken, bedrängen
opprimere	**ópprimō**	**oppressī**	**oppressus**	unterdrücken, überwältigen, vernichten

d) **Dehnungsperfekt**

306. **agere**	**agō**	**ēgī**	**āctus**	treiben, tun, handeln, verhandeln
cōgere	**cōgō**	**coēgī**	**coāctus**	sammeln, zwingen
exigere	**éxigō**	**exēgī**	**exāctus**	heraustreiben, fordern
redigere	**rédigō**	**redēgī**	**redāctus**	zurücktreiben, in einen Zustand bringen
subigere	**súbigō**	**subēgī**	**subāctus**	unterwerfen
307. **edere**	**edō**	**ēdī**	**ēsus**	essen, verzehren

Stammformen

308.	emere	emō	ēmī	emptus	nehmen, kaufen
	adimere	ádimō	adēmī	ademptus	an sich nehmen, wegnehmen
	redimere	rédimō	redēmī	redemptus	loskaufen, erlösen
309.	frangere	frangō	frēgī	frāctus	transitiv: brechen, zerbrechen
310.	fundere	fundō	fūdī	fūsus	ausgießen, in die Flucht schlagen
311.	legere	legō	lēgī	lēctus	lesen, sammeln
	colligere	cólligō	collēgī	collēctus	sammeln, versammeln
	dēligere	déligō	dēlēgī	dēlēctus	auswählen
	dīligere	díligō	dīlēxī	dīlēctus	hochachten, lieben
	intellegere	intéllegō	intellēxī	intellēctus	einsehen, verstehen
	neglegere	néglegō	neglēxī	neglēctus	vernachlässigen
312.	relinquere	relinquō	relīquī	relictus	zurücklassen
313.	rumpere	rumpō	rūpī	ruptus	transitiv: brechen, zerbrechen
	corrum- pere	corrumpō	corrūpī	corruptus	verderben, bestechen
314.	vincere	vincō	vīcī	victus	siegen, besiegen
	convin- cere	convincō	convīcī	convictus	überführen, widerlegen
315.	cōnsīdere	cōnsīdō	cōnsēdī	—	sich niederlassen, sich lagern

e) **Reduplikationsperfekt**

316.	cadere	cadō	cécĭdī	cāsum	fallen
	accidere	áccidit	áccidit	—	sich ereignen, geschehen
	incidere	íncidō	íncidī	—	hineinfallen, hineingeraten
	occidere	óccidō	óccidī	—	untergehen
317.	caedere	caedō	cecídī	caesus	fällen, niederhauen
	concīdere	concīdō	concīdī	concīsus	zusammenhauen, vernichten
	occīdere	occīdō	occīdī	occīsus	niederhauen, töten
318.	canere	canō	cécinī	—	singen, spielen, dichten
319.	currere	currō	cucurrī	cursum	laufen, eilen
	occurrere	occurrō	occurrī	occursum	entgegenlaufen, begegnen
	succurrere	succurrō	succurrī	succursum	zu Hilfe eilen
320.	dēdere	dēdō	dēdidī	dēditus	übergeben, ergeben
	ēdere	ēdō	ēdidī	ēditus	herausgeben, hervorbringen
	prōdere	prōdō	prōdidī	prōditus	berichten, überliefern; preisgeben, verraten

14. Alphabetische Liste der wichtigsten Verben

1. Die hinter dem Verb stehende Zahl bezieht sich auf die Nummer, unter der das Verb im „Verzeichnis häufiger aktiver Verben und ihrer Stammformen" (Seite 39–57) bzw. im „Verzeichnis der Deponentien und Semideponentien" (Seite 58–60) aufgeführt ist.
2. Bei den unregelmäßigen Verben (z. B. esse) wird auf die Seite verwiesen, auf der das Konjugationsschema des betreffenden Verbs steht.

A

abdicāre 53
abdere 320
abdidī s. abdere
abesse: Seite 28
ablātus s. auferre
absolvere 335
abstinēre 225
abstulī s. auferre
abundāre 2
accēdere 290
accelerāre 3
accendere 336
accēpī s. accipere
accidere 316
accipere 369
accomodāre 4
accūsāre 5
āctus s. agere
adaequāre 6
addere 320
addidī s. addere
addūcere 276
adēmī s. adimere
ademptus s. adimere
adeptus sum s.
  adipīscī
adhibēre 216
adhortārī 385
adimere 308
adipīscī 424
adiungere 283
adiuvāre 208
administrāre 108
admīrārī 391
admittere 296
adōrāre 127
adorīrī 443
advenīre 363
advocāre 200

advolāre 201
aedificāre 7
aegrōtāre 8
aestimāre 9
affēcī s. afficere
afferre: Seite 31
afficere 370
affīrmāre 68
afflīgere 279
āfuī s. abesse
agere 306
aggredī 444
agitāre 10
alere 269
allātus s. afferre
amāre 11
ambulāre 12
āmittere 296
amputāre 13
animadvertere 340
animāre 14
aperīre 357
apparāre 132
appārēre 236
appellāre 15
appellere 324
appetere 259
apportāre 140
approbāre 145
appropinquāre 16
appulī s. appellere
appulsus s. appellere
arāre 17
arbitrārī 375
arcēre 215
arcessere 257
ārdēre 241
armāre 18
ārsī s. ārdēre

ascendere 337
āspernārī 376
asportāre 140
assentīrī 440
attāctus s. attingere
attingere 329
attribuere 334
attulī s. afferre
auctus s. augēre
audēre 447
audīre 341
auferre: Seite 31
augēre 246
ausus sum s. audēre
auxī s. augēre
auxiliārī 377
āvertere 340
āvolāre 201

B

bellāre 19
blandīrī 433

C

cadere 316
caedere 317
caesus s. caedere
canere 318
cantāre 20
capere 369
captāre 21
carēre 227
castigāre 22
cāsum s. cadere
cautus s. cavēre
cavēre 249
cecidī s. cadere
cecīdī s. caedere
cecinī s. canere
cēdere 290

pēnsus s. pendere
pependī s. pendēre
  u. pendere
pepercī s. parcere
peperī s. parere
pepulī s. pellere
peragrāre 136
perdere 320
perdidī s. perdere
perdūcere 276
perfēcī s. perficere
perficere 370
pergere 277
permittere 296
permovēre 251
perrēctus s. pergere
perrēxī s. pergere
persequī 416
persevērāre 137
perspicere 368
persuādēre 243
perterrēre 222
pertinēre 225
perturbāre 187
pervenīre 363
petere 259
plācāre 138
placēre 220
plōrāre 139
pollicērī 410
pōnere 274
poposcī s. poscere
populārī 396
portāre 140
poscere 326
positus s. pōnere
posse: Seite 29
possidēre 253
possum s. posse
postulāre 141
posuī s. pōnere
pōtāre 142
potes(t) s. posse
potīrī 438
potuī s. posse
praebēre 216
praecipere 369
praecipitāre 143
praedārī 397
praedicāre 53

praeficere 370
praeparāre 132
praescrībere 298
praestāre 211
precārī 398
prehendere 339
premere 305
pressī s. premere
prīvāre 144
probāre 145
prōcēdere 290
prōdere 320
prōdesse: Seite 29
prōdidī s. prōdere
prōdūcere 276
proeliārī 399
profectus sum s.
  proficīscī
professus sum s.
  profitērī
proficīscī 430
profitērī 406
prōfuī s. prōdesse
prōgredī 444
prohibēre 216
prōmittere 296
prōpāgāre 146
properāre 147
prōpōnere 274
prōpulsāre 149
prōscrībere 298
prōsequī 416
prōspicere 368
prōsum s. prōdesse
prōtegere 278
prōvidēre 254
prōvocāre 200
prōvolāre 201
pugnāre 148
pulsāre 149
pulsus s. pellere
pūnīre 351
purgāre 150
putāre 151

Q
quaerere 260
querī 422
questus sum s. querī
quiēscere 267

R
rapere 367
raptāre 152
ratus sum s. rērī
recēpī s. recipere
recipere 369
recitāre 28
recordārī 400
recreāre 39
rēctus s. regere
recuperāre 153
recūsāre 5
redāctus s. redigere
reddere 320
reddidī s. reddere
redēgī s. redigere
redēmī s. redimere
redemptus s. redi-
  mere
redigere 306
redimere 308
refēcī s. reficere
referre: Seite 32
reficere 370
regere 277
rēgnāre 154
relinquere 312
reminīscī 426
remittere 296
renovāre 155
reparāre 132
repellere 324
reperīre 364
repetere 259
repperī s. reperīre
reppulī s. repellere
reprehendere 339
repudiāre 156
repulsus s. repel-
  lere
reputāre 151
rērī 411
reservāre 165
resistere 328
respondēre 256
restitī s. resistere
restituere 333
retinēre 225
rettulī s. referre
revertī 451

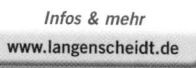